渋沢栄一と中国
一九一四年の中国訪問

田　彤【編】
于　臣【訳】

不二出版

目次

凡　例

一、各新聞の報道において、内容の重なる部分が多かったが、史料を忠実に再現するために、そのまま翻訳・収録した。

二、「支那」は近代日本における中国の古称だったが、訳文においては引用文を除き「中国」と訳した。

三、新聞の日付を示す西洋暦の後の（　）に旧暦を記入した。

四、英語の地名や新聞名の音訳等に用いられた漢字を基本的にそのまま抄訳したが、英語表記を後ろの〔　〕内に記した。ただし、二回以上表れた同一名称は、初出の箇所のみに英語表記を追記した。

五、各新聞記事に載せられた人物名の一部は、原資料集において名字のみの表記が多い。なるべく翻訳の際に名前を小字にして名字の後に（　）で追記した。ただし、二回以上表れた同一人物の名字は初出の箇所のみに名前を追記した。

六、原資料集において、報道や記事への修正がある場合、修正後の内容を対象に翻訳した。

七、原資料集の注および解釈は〈　〉で示した。もと報道や記事の脱字が断定不可の場合、原資料集と同じく〈?〉で示した。

八、もと報道や記事（原資料集が指摘していない場合）への訂正および新聞記事に対する解釈は〔　〕内に収めた。

九、訳注は1、2、3……で示した。

一〇、原資料集が記したもと報道や記事の衍文は、翻訳・収録しないこととした。

序文一

華中師範大学元校長　名誉教授　章開沅

張謇を研究する関係で、渋沢栄一についてはある程度知っていたが、踏み込んで知ろうとしたことはなかった。それが今世紀の初めになって、関西大学の陶徳民教授が熱心に連絡をとってくださり、陶教授と共に渋沢栄一記念財団理事長の渋沢雅英氏や同財団との間で友好的な交流を持つこととなった。しかし、私が「日本の近代実業の父」に対する認識を深め、踏み込んで理解するきっかけとなったのは、二〇〇五年に南通で開かれた、渋沢栄一と張謇を比較研究する国際的な研究会であった。初対面の雅英氏とは旧知の仲のように意気投合し、その後親交を深めることとなった。特に二〇〇七年春には、東京に長期滞在し、雅英夫妻と心の内を語り合い、さらには飛鳥山にある、まるで画に描かれたような風情ある渋沢栄一の旧居と史料館を共に訪れる二回目の機会を得て、家族ぐるみのつきあいが深まった。

我々は華中師範大学渋沢栄一研究センターの設立を呼びかけて、センターを立ち上げるとともに、雅英氏の力添えの下で関西大学と協力関係を結び、数年の間に優れた仕事をいくつも行った。日中国交正常化四〇周年を迎えた二〇一二年、我々渋沢栄一研究センターは盛大なる記念事業の一環として、共同で学術講座を開くほか、田彤博士の長年の苦労の結晶である文献資料集『一九一四渋沢栄一中国行』の正式出版を決めた。渋沢栄一の一九一四年の訪中は、当時の中国において大きな反響を呼んだが、まとまった資料がないことから、これまで徹底的に研究されることはなかった。一九一四年の訪中は、栄一晩年の壮挙の一つであると言っても過言ではないのだが、その訪中の真の目的はいったいなんだったのか、訪中の全日程や日中双方の相互の動きの詳細はどうだったのか、双方はそれぞれどのような期待を持ち、実際にどのような成果が上がったのか等々、踏み込んで検討すべき重要な課題がいまだに数多く残されている。本書が提供する資料は主に新聞雑誌のニュース情報であり、上述の問いに完全な答えをもたらすには不十分かもしれないが、少なくとも若干の真相、若干の手がかり、ないしは踏み込んで検討するに値する疑問点を提供することは可能であると考える。本書の出版は、あるいは同じ分野の学者に興味を持って受け入れられ、研究してみたいという衝動を呼び起こすきっかけとなるかもしれない。

既存の文献の記載によれば、渋沢栄一は三度にわたり中国を訪れている。一回目は一八六七年、徳川慶喜の弟がナポレオン三世に招かれてパリで開かれた万博を訪れているが、当時二七歳の栄一が一橋家の家臣としてこれに随行した時のことであった。栄一は当時すでに維新の運動に身を投じており、並外れた才知を具え、気概にあふれる人物であった。彼は、西洋訪問を通して何かを学びとろうとし、いかにしてヨーロッパの進んだ文明に学び日本の近代化を推進すべきか〈いわゆる「脱亜入欧」〉に心を砕いた。この折に中国を訪れたのだが、上海を経由しただけで滞在期間は極めて短く、印象に残ったのは黄浦江くらいのものだったようである。

二回目の訪中は一八七七年で、初めての訪中から一〇年後のことであった。この一〇年の間に、栄一はすでに非常に成熟した政治家、実業家になっていた。彼は明治維新政府で大蔵少輔を務め、国家財政の枢機に参画したが、一八七四年〈明治六年〉、政治的見解の相違から毅然として職を辞し、近代的実業の発展に全力を注ぐ道へと自ら身を転じた。ただ、この一八七七年の訪中には特別な意図はなかったらしく、前回同様、しばしの滞在で、上海に対しても表面的な印象しか持たなかったようである。

そして一九一四年の訪中が三度目、最後の訪中であった。比較的長い時間をかけて参観・訪問したのは唯一、この訪中のみであった。当時、栄一はすでに七四歳の高齢で、経営する近代的実業の範囲は金融、紡織、鉄道、船舶、漁業、鉄鋼、ガス、電気、石油精製、採鉱等さまざまな分野に及び、いずれの事業も最盛期にあった。そのため、彼の訪中はおのずと大きな注目を集め、センセーションを巻き起こした。もちろん、同時に、この訪中の目的に関して内外各界でさまざまな憶測が行われた。根拠のある憶測もあれば、何の根拠もない憶測もあった。

その目的について、栄一は大連で受けた取材の際、「第一に孔子廟、孟子廟を訪れること。これは長年の宿願であった。第二に中日実業会社の創立。これは急務である」とはっきりと答えている。

この第一の目的は、体調が思わしくなかったことから急遽計画が取り消され、果たすべき目的は二つ目の大事、つまり中日実業会社の創立のみとなった。協力相手が変わったことから〈もとは孫文〉[1]、栄一は北京に赴き袁世凱[2]や北京政府の関連部門と協議する必要が生じ、さらに、上海、杭州、蘇州、南京、漢口といった長江中流、下流の重要都市を視察に訪れた。

一九一四年には、中国内部の政争も日中関係も非常に複雑であったため、栄一は中国訪問中、非常に慎重に言葉を選び、政治、軍事、外交といった敏感な問題にはできるだけ触れなかった。その公の言論は、「在商言商」〔実業界では実業の話をすべき〕という四つの文字で表すことができよう。ただ、当然のことながら、「論語と算盤」の理念は語られた。

それらの言論が表面的なものであったと考えることはできない。すでに晩年を迎えていた栄一には、国際関係の面でも社会生活の面でも、深く感じるところが多々あった。たとえば、栄一はかつて「経済に国境はない。経済と実業とを目的として相互の利益増進に尽くすことは当然のことだ。況や日中両国は二〇〇〇年来、歴史的に離れるべからざる密接な関係を持ち、同文同種の両国国民は、風俗人情の面において極めて近い」、「道義上の国交を基礎とし、その基礎の上に両国間の経済的なつながりを構築して、公平に利益を分かち合うことが両国親善の鍵である。そこで、最も重要なのが、相互に道徳を重んじ、『おのれの欲せざるところ、人に施すなかれ』という聖人の教えに則り、人と力と金の三要素を運用し、天によって中国に与えられた豊かな資源を開拓する」、「国際的な経済関係は、右手に武器を握り、左手に算盤を携えるようなものではない。すべて両国相互の利益を尊重しなければならず、道義を基礎として事業の進歩を図らなければならない。私のような商人は、自国で事業を営むにも右手には『論語』を持ち、左手には算盤を持つように心がけている。これを唯一の信条としている。今回の両国の経済的提携においても、この唯一の信条に基づいて事業を推し進めていくべきだ」と語っている。これは現在でも、日中間の経済的、文化的交流に当たって学ぶべき点であると思う。

一九一四年五月二〇日午後、渋沢栄一は時の農商総長代理の章宗祥を訪問した。章宗祥はその後、日本側の答礼晩餐会に招かれた。これを知った時、私はとても嬉しかった。章宗祥は浙江省の呉興荻渓にある章氏の一族に属し、私の父方の伯父なのだ。一方で、残念なことに、当時農商総長を務めていた張謇はこの日本の実業の父と会うことはなかった。その原因はとても単純で、当時張謇はすでに北京を離れ、オランダのエンジニアと共に淮河を視察していたのである。栄一は上海、蘇州、南京を訪問したのに、なぜついでに新興の工業都市である南通を見に行かなかったのか。そこには、まだ明らかになっていない意味深長な何かがあったのかもしれない。

しかし、歴史上の遺憾はすでに後世の努力によって埋め合わされた。渋沢雅英氏と渋沢栄一記念財団の提案と支持を受け、我々は日中両国の実業の父を比較するための国際的な学術会議の開催、さらには渋沢栄一記念講座を行った。また、渋沢栄一研究センターを創設して、日中の友好的な交流を促進することに役立つ数々の仕事をすることとなったのだから。日本人に張謇のことをもっと知ってもらい、中国人に渋沢栄一をもっとよく知ってもらうため、我々は今後もさらに努力していかねばならない。

雅英氏は徳高く人望のある、おだやかで親近感溢れる人物で、日中友好の促進を自らの生涯の仕事と決めている。八〇歳の高齢にもかかわらず何年か前にはチベットに旅をした。これには私も驚いたが、ご本人は困難や危険を恐れず、何とこの私と共に再度チベットに行きたいとおっしゃる。現在、日中間の国交は谷底の状態にあり、問題は山積し、もつれにもつれている。日中友好の持続的発展の促進は、おそらく八〇歳の高齢者がチベット高原を旅するのと同じくらい難しいことかもしれない。それだからこそ、両国でより多くの民間人が、何物をも恐れぬ毅然とした気持ちで、現在の一時的な困難を共に克服し、前進を阻むさまざまな障害を取り除いて、日中間の国交が再び正しい道に向かうよう導いていかねばならない。

前事を忘れざるは後事の師なり。おそらく日中国交正常化四〇周年の記念として最もふさわしいのがこの言葉だろう。

二〇一二年九月

注

1　広東省香山県出身の革命家（一八六六〜一九二五）。号は逸仙、または中山。一八九四年、興中会を結成し、清朝打倒の革命運動を開始した。一九一一年に辛亥革命が勃発した後、アメリカから帰国し、一九一二年一月に中華民国の臨時大総統に就任した。清朝が滅亡したあと、袁世凱に大総統の座を譲り、一九一三年の第二革命に敗れた後、日本に亡命した。

2　清末・民国初期の軍人・政治家（一八五九〜一九一六）。清朝政府の要職を歴任し、辛亥革命が起こったあと、総理大臣として革命側と取引し、一九一二年三月に臨時大総統に就任。一九一三年、第二革命を鎮圧した後、正式な大総統になり、独裁政治を行った。

序文二

華中師範大学教授　馬　敏

一九一四年五月初旬から六月初旬、渋沢栄一は訪中団を率いて中国を訪問した。これは当時の日中関係史上、大きな出来事であった。この訪中は「実業の父」と呼ばれる栄一にとってその生涯で三度目の中国訪問であった。三〇日あまりという短い訪問であったが、日中の実業界の間の交流にとって、それは極めて重要な意味を持ち、同時に、背後で、それまで以上に錯綜して複雑化していた日中の政界間の関係およびそのひそかな駆け引きにも影響を与えた。そうしたことから一九一四年のこの訪中は、中華民国初年の第二革命前後の日中間の政治的、経済的関係史を研究する上で重要な課題の一つであると考えることができる。

渋沢栄一の訪中は、孫文が一九一三年の訪日時に日本の財界と密接に接触し、話し合いをした結果、最終的に日中合弁の中国興業公司を創設する運びとなったことに始まる。栄一は、中国興業公司をめぐる交渉と最終的な契約締結の過程で一貫して中心的役割を果たし、一九一三年八月一一日の会社成立後は顧問に就任した。総裁のポストは暫時空席とされ〈もともと孫文が着任する予定であったが、第二革命発生後、日本が慎重に事を運ぶこととなり、空席となった〉、副総裁には倉知鉄吉が就任した。袁世凱をトップとする北京政府が栄一の訪中を強く求めた背景には、栄一と直接会って中国興業公司の中国側の人選改組について話し合いたいという考えがあり、とりわけ北京に入ったばかりの農商総長張謇と栄一に改組や協力内容について直接話し合わせたいとの希望があった。結局、栄一と張謇が会うことはなかったが、二人がこの過程で重要な役割を果たしていたことを見逃すことはできない。

渋沢栄一の訪中団は、規模は小さかったものの、近代日本の財界が初めて商工業界のトップを対中実業視察団に加えたことで、国内外から広く注目された。中国側の受入れランクも非常に高く、各地で最高責任者や名士、実業家が出迎え、各地の日本の外交機関もまた受入れに全力を注ぎ、ハイランクの接待で出迎えた。特に北京で、栄一一行は袁世凱総統等に謁見し、大いに礼遇を以て出迎えられた。袁世凱や楊士琦[1]等との会談を通して、栄一は、中国興業公司〈その後、中日実業会社と改められる〉の創建をめぐる日中間の経済協力を推進することができ、さらには日本のためにより多くの経済的権益を手に入れることに成功した。日本の新聞はこぞって、渋沢が大成功を収めたといった見出しで栄一の中国訪問を伝え、渋沢の訪中は日中の実業関係に極めて大きな効果をもたらし、北方実業家の誤解を解くことに成功して、双方の間に好ましい雰囲気ができあがったと報じた。

その年、中国の『申報』、『大公報』等の主なメディアもまた、栄一の訪中を追って多くの報道に紙面を割いたが、そこにも中国社会、特に商工業界の栄一訪中に対する見方が反映されていた。商工業界は、中国で各種利権を獲得しようとする日本政府に警戒心を抱き、強い不信感を持ちながらも、日中間の実業面での交流、協力の強化を目指す栄一に対しては、基本的にこれを肯定し、歓迎する態度を保っていた。一九一四年五月三〇日の『申報』は、「渋沢氏の演説に見える対中姿勢」と題する記事を載せ、日中が互いに協力して、協同で実業を開発していこうとの渋沢の中国観の要点を中国国民に紹介している。「私の考えている対中実業政策は、中国に利益をもたらすと同時に、日本にも利益をもたらし、同時に世界にも利益をもたらすことを目指すものである。中日実業会社はこの意味において設けられ、これを促進する機関である。日中両国の実業家が協力してもその目的を達成することができなければ、進んで列国実業家の協力などを求めなければならない。今日の情勢において、自国の利益のみを目的として中国の豊かな資源を開発しようとすることは不可能である」という栄一の実業開発に関する一貫した観点から見るに、栄一は日本の利益を前提としながらも、世界主義的な観点を確かに持っており、その言葉も決して偽りだったわけではないだろう。中国のメディアはまた、栄一が中国の古典文化や漢文について深い興味を抱き、造詣が深いことに注意を向けている。渋沢はかつて、『論語』と算盤で日本の近代資本主義を打ち立てようという新しい経済的倫理を打ち出したが、彼は文化的に中国に好感を抱いていた。たとえば、「私の訪中は、かねてからの願いであり、幼いころに中国の経書を読んだ時からここにあこがれてきた。また、私は孔子を尊敬しており、長い間この中国の先人の墓に参りたいと願ってきた。ところが、外界は私の今回の訪中を誤解して、権益を求めようとしているなどと言っている。さらには、揚子江のイギリスの利益を妨げる云々という向きもあるが、実はまったく影響はない。私は何かを求めているわけではなく、今回の訪中の主な目的は観光である。私は中国の文学を研究しており、長い間それを非常に大切に思ってきた。私は実業家であるから、おのずと中国の経済状況を調査するし、中国の指導者、実業家と話もする。さらに私は中日実業会社の発起人の一人として、中国の実業の現状も知りたいと強く願っている。とにかく、今回の訪中には本当に政治的な使命はない」〈『申報』一九一四年五月六日の記述より〉と話している。後に中日実業会社は、実際に中国における日本の経済的拡張の先駆け的役割を果たすこととなったが、もともと日本の政界、軍部、マスコミと実業界には離合集散があり、それぞれ求めるところも異なっていたという実態からみれば、実業界のトップであった栄一のこうした言い分にも信じるに足る面はある。

渋沢栄一の中国訪問には理解できない点が二つある。まず、孫文がこれについてほぼ何の反応も示さず、言及もしていないことである。栄一等と実業面での協力計画について最初に協議したのはほかでもない孫文であった。李廷江も、日本の財界と辛亥革命[2]について研究した際にこの点に気付いており、孫文はこの件について直接何も言ってはいないが、大隈重信に手紙を出して〈一九一四年五月一一日〉、実業界の交流を袁世凱の政治的陰謀に利用されぬよう、注意を促していたと説明している。孫文が基本的に何の評価も行っていないのは、第一に栄一等が会社の改組面で事前にすでに孫文から許可を得ていたこと、第二に、孫文は日本に期待するところが非常に大きく、日本の気分を損ねることを望まなかったのではないか、とされている〈李廷江『日本財界与辛亥革命』中国社会科学出版社、一九九四年、三一三頁～三一四頁〉。別の点で理解に苦しむのは張謇の動向である。張謇は、栄一の訪中前には農商総長として栄一等から派遣された代表倉知鉄吉との会談や宴会に積極的に参与し、中国興業公司の中日実業会社への改組に協力し、さらには盛宣懐と共に株主に補選されていたが、三〇日あまりにわたる栄一の訪中期間中、栄一と一度も会っていないのである。少なくとも現在までのところ、二人が会ったという記載は史料には見あたらない。張謇の日記を調べてみると、この期間、彼は、南方の安徽に赴いて淮河の再調査を行い、その足で南通の実家に寄っており、北京を離れたのが四月四日、戻ったのが六月二四日で、栄一と会う機会を得ていない。また、張謇はその日記で栄一の訪中の状況について一言も触れていない。実はもともと中国側が栄一を中国に招いた大きな目的は、日中双方の実業界のトップであったこの二人を北京で会わせ、日中の実業界の協力について直接協議させることであったはずだ。実際、栄一は訪中後、前後して盛宣懐、楊士琦、周金箴といった政界、ビジネス界のトップに会っている。その中で「中国の実業の父」〈あるいは中国の渋沢栄一〉と言われた張謇にだけは会っていないのだ。この機会を逃した後も、近代東アジアで最も重要な実業家であったこの二人が顔を合わせることはなかった。これを歴史の遺憾と言わずにいられようか。

あと二年で渋沢栄一の中国訪問から一〇〇年が経つ。今回、渋沢訪中の際の中国メディアの大量の報道を集めて出版することとなったが、これは、渋沢栄一という日本近代実業史上最も重要な人物の研究を推進する上で大きな意味を持つばかりでなく、近代の日中関係史についての研究にも間違いなく重要な意味を持つ。編集者の方々のご苦労、そして他人のために奉仕するという学術的貢献の精神に心から感謝したい。

以上を私の序文とする。

二〇一二年九月二〇日武漢にて

注

1 清末、民国初期の政治家で、袁世凱政権の支持者である（一八六二〜一九一八）。

2 一九一一年一〇月に勃発した革命。清王朝を倒し、二〇〇〇年来の専制政体を覆した。一九一二年一月、孫文を臨時大総統とする中華民国の成立が宣言された。

序文三

関西大学教授　陶徳民

田彤教授の丁重な依頼を受け、この序文を書く運びとなった。この本の由来とその内容に関連する一部の事柄の紹介が、読者の理解の一助となれば幸いである。

章開沅先生が序文一でご紹介された通り、二〇〇六年秋、華中師範大学渋沢栄一研究センターの立ち上げ計画の過程において、私は同校と渋沢栄一記念財団の間を取り持つパイプ役を務めた。私が微力を尽くしたいと考えたのは、以下の三つの理由によるものである。一つ目は、一九九〇年に大阪大学で完成させた博士論文の研究テーマが、近世の大阪商人が資金を集めて創設した有名な儒学学問所懐徳堂およびその近代における転換であり、故に以前から近代中国の商会と儒商研究で知られている華中師範大学歴史所〈一九九九年、中国近代史研究所に改称〉の研究実績について関心を持っていたためである。二つ目は、一九九〇年代初頭のプリンストン大学訪問時、幸運にも同じ時期に同校を訪問していた章先生と知り合い、その学識と魅力的な人格を心から尊敬したためである。三つ目は、私は上海生まれではあるが、原籍は武昌であり、よく武漢に帰省していたので、故郷の恩に報いるべく尽力したいという気持ちがあったためである。

二〇〇四年から二〇〇六年まで、私は、日本、アメリカ、台湾、香港で教鞭を執ったり、研究に従事したりしている壮青年の学者等と共に、渋沢栄一記念財団研究部の資金援助の下、国際儒教研究チームを組織し、前後して三回の国際セミナーを企画・開催した。第一回は、二〇〇四年九月、東京の国際文化会館において「比較視野のなかの社会公益事業」をテーマに開催された。セミナーにおいて、プリンストン大学の余英時名誉教授〈著書に『中国近世の宗教倫理と商人精神』平凡社、一九九一年〉、京都大学夫馬進教授〈著書に『中国善会善堂史研究』京都大学出版会、一九九七年〉、東京大学溝口雄三名誉教授〈著書に『中国の公と私』研文出版、一九九五年〉らが基調報告を行った。第二回は、二〇〇五年五月、南通の文峰飯店において「中日近代企業家の文化事業と社会事業――渋沢栄一と張謇の比較研究」をテーマに開催された。張謇研究の先駆者である章開沅先生は、自身の研究過程を振り返り、今後の研究についての方向性を示した。華中師範大学馬敏校長は、「東アジアの価値観に基づいた近代企業家の父――張謇と渋沢栄一の比較」と題して基調報告を行った。第三回は、二〇〇六年九月、アメリカプリンストン大学において、「一九世紀後期、二〇世紀前期の太平洋両岸の関係」をテーマに開催された。ハーバード大学入江昭教授が基調報告を行い、馬敏校長も出席し報告を行った。

私が特に嬉しかったのは、南通でのセミナーにおいて渋沢栄一の曽孫である渋沢栄一記念財団理事長渋沢雅英氏と張謇の直系の孫である全国政治協商会議委員張緒武氏が、多忙にもかかわらず出席され、スピーチし、手を取り親しく語り合ったことである。雅英氏は、「南通は偉大な先人である張謇の故郷であるとともに、彼が事業を展開した場所でもある。南通を訪れ張氏の親族の方を訪問し、温かい交流の機会をもてたことを非常に光栄に思い、嬉しく感じる。私は今回の対話を通して、先人たちが残した経験と教訓を総括することで、我々が未来に向かってさらに知見を持てるようにしたい」とスピーチされた。

東京と南通におけるセミナーで発表された論文は、二〇〇九年三月に日本経済評論社から二巻に分けて出版された。タイトルはそれぞれ『東アジアにおける公益思想の変容――近世から近代へ』と『近代東アジアの経済倫理とその実践――渋沢栄一と張謇を中心に』である。これに加えて、二〇一〇年三月、われわれ関西大学文化交渉学教育研究拠点と復旦大学歴史学部、および当代上海研究所が復旦大学において共催した「太平洋地域の調和と繁栄をめざして――一九一〇年南洋勧業会から二〇一〇年上海万博まで」の国際セミナーも渋沢栄一記念財団の資金援助を得ることができた。「万博と東アジアの参与」をテーマにした会議論文集は、今年〔二〇一一年〕三月に上海人民出版社から出版され、その中には中国万博史研究の先駆者である馬敏校長がセミナーにおいて行った基調報告も含まれている。

以上の簡単な回顧から、私が華中師範大学と渋沢栄一記念財団の間を取り持つパイプ役を果たしたというよりは、むしろ双方間のつながりと相互コミュニケーションにそれ自身の内在的な動機があったことが容易に見て取れる。なぜなら、「経世済民」〔世をおさめ、民をすくう〕という理想を胸に抱くビジネスの有力者である渋沢栄一と張謇という二人についての比較研究は、正面を切って前進させなければならない重要研究テーマであり、渋沢栄一研究センターの設立によって、このような「水到渠成」〔時機が熟せば物事は自然に成就する〕の関係を形にすることができたのである。

私は日本の漢学と中日文化交流史を専攻した関係で、本書に記載されている、渋沢が一九一四年の訪中時に表明した儒学信仰およびその「論語と算盤」の道徳経済合一論に大変興味を持っている。たとえば、出発前に栄一は「私の訪中は、かねてからの願いであり、幼いころに中国の経書を読んだ時からここにあこがれてきた。また、私は孔子を尊敬しており、長い間この中国の先人の墓に参りたいと願ってきた」〈上海『申報』一九一四年五月六日の記述より〉と表明している。帰国当日にも再度重ねて「中国訪問の本意は、山東の曲阜における孔子の聖廟と済南府にある孟子の廟を参拝し、多年の渇望を遂げることにある。旅程の都合により北京訪問を先にし、聖廟参拝を後にしたが、五月二七日に天津到着時、不幸にして胃の不調に加え、華氏九〇度〔摂氏三二・二度〕の暑気に襲われた。先途を気遣う同伴の医師および一行の人々より切なる忠告があったので遂にやむを得ず、今回の旅行の第一眼目たる二聖廟の参拝を諦めた。実に遺憾千万だが、他日機を得て参拝の初一念を貫きたい」と述べている。なお、彼は「国際的な経済関係は、右手に武器を握り、左手に算盤を携えるようなものではない。すべて両国相互の利益を尊重しなければならず、道義を基礎として事業の進歩を図らなければならない。私のような商人は、自国で事業を営むにも右手には『論語』を持ち、左手には算盤を持つように心がけている。これを唯一の信条としている。今回の両国の経済的提携においても、この唯一の信条に基づいて事業を推し進めていくべきだ。思うに事業経営の本義は、片手に『論語』、片手に算盤を持ち、両者の調節を失わないように心がけることだ」〈『満洲日日新聞』一九一四年六月二日の記述より〉と述べている。

当時、栄一は七五歳の高齢で、彼の言葉は心からのものであり、あらゆる行為がそれを証明している。この時の中国旅行では、曲阜巡礼の夢は叶えられなかったが、一四年後の一九二八年二月、東京帝国大学教授で斯文会理事でもある塩谷温が訪中し、視察のため曲阜孔子廟を参拝する際、栄一は悲願を果たすために、わざわざ彼に献書を託し、自身が執筆した祭文を自分に代わって朗読するよう依頼した。これと前後して、儒学と『論語』を高く評価する以下のような一連の重要な取り組みもあった。

一九一六年、栄一の指導下にある公共団体竜門社は、東京高等師範学校林泰輔教授に『論語年譜』の編纂を依頼し、それを栄一の喜寿を祝う記念品とした。

一九二二年春、『論語』各種版本の収集を娘婿である東京帝国大学穂積陳重教授に依頼し、日本工業倶楽部において開催された竜門社秋季総集会および孔子を祀る記念講演会で展示した。これらの所蔵物は一九二三年の関東大震災による大火災で焼失したが、その後、穂積陳重に再度全力で収集させ、一九二六年、飛鳥山邸の青淵文庫に収蔵した。

一九二六年、三年の時間をかけて書き上げた手書きの『論語』一〇巻が完成し、翌年それらをコロタイプ印刷して友人に送った。

一九二六年、東京湯島聖堂〈江戸時代の孔子廟〉復興期成会を設立、渋沢は副会長を務め、自ら五万円〔現在の貨幣価値換算でおよそ五五〇〇万円相当〕を寄付するなど、積極的に寄付を募った。

一九二七年、竜門社は『論語』国訳委員会を設立、東京帝国大学服部宇之吉教授に総括責任者を依頼し、渋沢は副会長を務めた。翌年『国訳論語』を出版し、それにより渋沢の米寿を祝い、さらに斯文会メンバーおよび全国の各小学校にこの本を寄贈した。

一九三一年二月、渋沢が塩谷温を通じて宮内省図書寮長官に申請した同省所蔵の宋版『論語注疏』一〇巻一〇冊の撮影と復刻出版について許可が下り、同年八月コロタイプ印刷で複製した同書三〇〇セットを出版、それぞれ皇室や各関連学校、図書館および友人に対する寄贈用とした。

その言葉を聞き、その行動を見ると、栄一とは「言は必ず信あり、行いは必ず果たす」人物であることが分かる。彼が提唱する儒学と『論語』に対する敬虔な態度、ひいては仏教徒が写経するように『論語』を手書きすることは、まさに「烈士暮年に壮心已まず」〔男らしい男というものは、年老いた晩年になってもチャレンジの精神を持ち続ける〕ということである。

さらに得難いことは、一九三一年九月六日、栄一は中華民国水災同情会会長名義で、彼の飛鳥山邸において寄付を募る放送を行った。塩谷温はそれを耳にし、漢詩一首「九月六日青淵子爵被災者救済募金の声を聞き感動を覚える」を詠み、斯文会メンバー有志者の次韻詩を募集し栄一に送った。渋沢が募った巨額の寄付金は「九一八事変」〔満洲事変〕後の日中関係の極端な悪化により中国側が受け取ることはなかったが、同年一一月一一日に栄一が逝去する前のこの善行は、後世の公正な評価を得ただろうと私は信じている。また、今日の日中関係において苦境に立たされている我々両国民は、このことにより大いに啓発されるだろう。すなわち、「憐れむ心は人間の誰でも持っている」〈『孟子』〉というように、我々は、決して研究の対象、人物が属する国家のために、それらに対して先入観あるいは偏見を持ち、その仁愛や博愛の心を否定し、偏狭な民族主義に縛られて認識上の判断ミスをしてはならないのである。

同様に、我々は、近代史上のグローバル経済の成長と政治軍事の強権を後ろ盾に経済外的な直接的強制力を行使するグローバル経済の侵略に対して、必ず厳しく区別しなければならない。まさに栄一が中国滞在中に外部からの疑いに対して開陳した見解の通りである。すなわち「道義上の国交を基礎とし、その基礎の上に両国間の経済的なつながりを構築して、公平なる利益を分かち合うことが両国の親善の鍵である。そこで、最も重要なのが、相互に道徳を重んじ、『おのれの欲せざるところ、人に施すなかれ』という聖人の教えに則り、人と力と金の三要素を運用し、天によって中国に与えられた豊かな資源を開拓する。その最上の策は、両国の相互親善を促進し融合させることである。しかし、中国はややもすれば日本の政治態度に対して懸念を抱いた結果、両国の経済、実業両方面の接近に対して尚且つ危惧の感を抱くことは中国にとって不利なるのみならず、我々日本の資本家事業家にとっても甚だ遺憾の至りなり」〈『満洲日日新聞』一九一四年六月二日の記述より〉と。もし今でも一九一四年五月二七日の『申報』の論評「渋沢氏の経済道徳談」の中の観点、つまり「投資は他国侵略の先駆であり、道路、鉄道の実業は人を死に追いやる導線である」というのを正論とみなす人がいるならば、さしあたり中国が世界各地で行っている企業活動への投資にどんな評価を与えることができるのだろうか。近代化とは西ヨーロッパから始まり、どの国も決して避けることのできない、全世界を巻き込む経済、政治の変革プロセスである。近代東アジア諸国の先覚者たちは、たとえば渋沢栄一と上述の張謇はすでに時代とともに前進し、それぞれさまざまな異なる形で両国の近代化に関わってきた。これに対しては、我々は理解を示す必要がある。なお、似たようなことは、ここ三〇年、中国は工業化と都市化の過程においても色々体験してきた。ただ、今日の地球環境は、人類の行き過ぎた開発による破壊にもはや耐えられなくなっており、人類の生存も自身の開発活動によってもたらされた脅威にさらされてしまい、持続可能な成長と環境保護は人々に共通する関心事となり、頻繁に国際フォーラムの主な議題に含まれている。しかし、たとえ人々が開発活動の投資に対してさらに人道的で環境保護に対して気を配る、すなわち投資開発エリアの労働者と現地住民の利益に対する配慮を期待要求するという完全な理由があったとしても、社会経済を回す重要なレバーであるこれらの活動自体は、決して小休憩やストップはできないのである。この意義から言えば、本書は極めて価値のある歴史文書を学界に提供し、近代から今日まで続いているいくらかの世界の認識問題、および近年新たに現れたアメリカサブプライムローン危機に代表される金融資本の強欲問題について深く考えるよう読者を促しているのである。

序文四

公益財団法人渋沢栄一記念財団　理事長　渋沢雅英

「渋沢栄一記念財団」が、国際的な知的交流という新しい分野に踏み込んだのは、一九九九年七月のことだった。中国、韓国をはじめ、米国、カナダ、シンガポール、そして日本の六ヶ国から、国際関係、比較近代史、経済学並びに経営史など、広範な分野で活躍する先端的な研究者多数の参加を得て、二日間の実り多い討議が行われた。

渋沢栄一の人生と業績に対する国際的な認知度を高めようという財団の目標は、このときの企画を通して、予想以上の効果をあげることが出来た。そしてその後も、年を追うごとに栄一への関心の範囲が広がり、内容も深くなっていった。没後八五年を経て、本来なら歴史上の人物になっているはずの栄一の存在が、このような形で国の内外で改めて知的関心を呼び始めたのは驚くべき事で、最近では栄一自身が、新聞やテレビなど、各種メディアに絶え間なく登場するようになった。

「論語とそろばん」という言葉によって広く知られているように、栄一の儒教に対する関心と理解の深さは尋常なものではなく、儒教を学ぶことは栄一を理解するために不可欠な鍵の一つであった。そこで財団は関西大学の陶徳民教授のご支援を得て、二〇〇四年一一月、プリンストン大学、東京大学、京都大学などから超一流の専門家を招き、初めての「渋沢国際儒教セミナー」を開催した。そしてその波及効果は、主催者側の期待を遙かに上回るものとなった。

たとえばこの時の対話が契機となって、中国の南通や南京、さらには武漢の地で研究会や展示が繰り返し催され、そのたびに財団関係者は章開沅先生、馬敏先生など、現代中国の碩学の方々に直接対話するという貴重な機会を与えられ、それが契機となって、武漢の華中師範大学に「渋沢栄一研究センター」が設立されることとなった。

そしてこれらの活動の延長として、二〇一四年五月には、一〇〇年前の栄一による中国訪問を記念して、北京大学で「儒商セミナー」が行われることとなった。中日関係がなにかと困難に際会している中で、一世紀前の栄一の活動を媒体として、こうした研究・対話集会が行われたことは、財団にとって喜ばしい展開であった。

終わりに臨んで、永年に亘って本資料集の編纂に尽力された華中師範大学の田彤教授を中心とする多数の研究者の皆様、またその日本語訳に努力を傾けられた于臣先生をはじめ多くの方々の御尽力に対して、財団役職員一同を代表して心からの感謝の意を表して本編の序文とさせて頂きたい。

二〇一六年四月二九日

序文五

公益財団法人渋沢栄一記念財団　主幹（研究）　木村昌人

このたび『一九一四　渋沢栄一中国行』（田彤編、華中師範大学出版会、二〇一三年）の抄訳と解説が、于臣氏の尽力により刊行されたことを心からお祝い申し上げたい。本序文では、華中師範大学と当財団との関係を簡単に紹介したのちに、渋沢栄一と中国との関係を概観し、日本語版刊行の意義について触れたい。

二〇〇五年五月に、中国江蘇省南通市で開催された第二回渋沢国際儒教セミナーに参加された章開沅先生（元華中師範大学学長）と馬敏学長先生（現在同大学書記）が、渋沢栄一の思想と活動に強い関心を持たれ、同大学に渋沢栄一研究センターを開設することが決定された。二〇〇六年九月二六日の同研究センター開設に伴い、当財団からは、『渋沢栄一伝記資料』［本篇五八巻および別巻一〇巻］と渋沢栄一に関する書籍を寄贈した。二〇〇七年からは、同研究センターとの共催で渋沢栄一記念財団寄附講座が開始された。いままで行われた講演は次の通りである。

二〇〇七年　渋沢雅英（渋沢栄一記念財団理事長）「歴史的視野の中の渋沢栄一」
二〇〇八年　エズラ・ヴォーゲル（ハーバード大学名誉教授）「第二次世界大戦後の日中関係」

二〇〇九年　五百旗頭真（防衛大学校校長）「世界の中の日中関係」
二〇一〇年　ジャネット・ハンター（ロンドン大学教授）「英雄的企業家——東西の企業家精神と工業化の比較を通じて」
二〇一一年　ローラ・ミラー（ミズーリ大学セントルイス校教授）「エレベーターガール——現代日本のポップ・カルチャー」
二〇一二年　山折哲雄（国際日本研究センター名誉教授）「中国と日本の共通価値」
二〇一三年　島田昌和（文京学院大学教授）「合本キャピタリズム——渋沢栄一の経営哲学と企業家活動」
二〇一四年　渋沢栄一一九一四年訪中一〇〇周年記念講演とシンポジウム　基調講演——田中一弘（一橋大学教授）「渋沢栄一の道徳経済合一説」
二〇一五年　ジョン・セイガーズ（リンフィールド大学教授）「日本の近代化と実業家」

毎回華中師範大学だけでなく、武漢市内の各大学の学生も聴講し、講演の後には活発な質疑応答が行われた。二〇一六年九月一二日には、渋沢栄一研究センター創設一〇周年、同寄附講座一〇回、張謇没後九〇周年、竜門社設立一三〇周年を記念して、シンポジウム「渋沢栄一研究の課題——日中関係の将来を見据えて」を開催する予定である。

次に渋沢栄一と中国との関係を概観しよう。一八四〇（天保一一）年に生まれた栄一は、九一歳で亡くなるまで、論語と算盤、すなわち道徳と経済の一致を心がけ、実業とフィランソロピーの分野で数百の企業や組織の設立に関与し、近代日本の経済社会の創造に尽力した。少年期より論語に親しみ、孔子と中国を尊敬していた栄一は、二〇世紀に入ると、世界平和や日本のさらなる発展のためには日中米三国の良好な関係を築くことが不可欠である、という信念を持ち、通商貿易・経済協力・災害援助・人的交流などを通じて日中親善に尽力した。来日した中国要人や外交官を飛鳥山の私邸に招き、独自の民間外交を展開したこともあった。

栄一は生涯に三度、中国を訪問している。一八六七（慶応三）年、徳川幕府のパリ万国博覧会視察団の一員として、初めて上海・香港に立ち寄った。欧州列強の中国進出をまのあたりに見聞し、その脅威を痛切に感じた。二回目は、一八七七（明治一〇）年、三井物産の益田孝と共に北京を訪れたときである。中国政府と借款交渉を行ったが、この借款は実現しなかった。日本初の西洋式銀行として設立された第一国立銀行（後の第一銀行、現在、みずほ銀行）頭取として、早くから朝鮮半島へ経済進出を行った。一九〇六（明治三九）年、南満洲鉄道株式会社設立委員となるが、満洲を日本の領土とすることには反対であった。翌年、白岩龍平の湖南汽船設立の動きを支援し、日清汽船の創設に尽力した。

栄一は日中経済関係の増進には、中国の経済社会インフラ整備が急務と考え、倉知鉄吉、尾崎敬義、高木陸郎などと図り、一九一三（大正二）年日本滞在中の孫文と会談し、中国興業株式会社を設立、相談役に就任した。翌年には中国側代表が袁世凱に引き継がれたため、中日実業株式会社に名称変更し、日本側代表となった。辛亥革命後の中国社会の混乱を憂慮した栄一は、一九一四（大正三）

年に白岩龍平らと共に自ら中国を訪問、上海―杭州―南京―武漢―北京―天津を歴訪した。中国滞在中に、袁世凱ほか中国政財界人と面談、中央銀行の設立、貨幣制度の改革、鉄道敷設など中国経済の基盤整備のための提案を行った。二十一箇条要求以後、中国国内での排日運動の過激化と労働争議の多発、さらに第一次大戦後の反動不況を受け、中日実業株式会社は決定的な打撃を受けた。栄一は同社を再建するため、高木陸郎を副総裁に据え人事を一新した。また一九二〇（大正九）年には、日本の政府や財界の期待を担って、栄一は日華実業協会を創立し、会長に就任した。

しかし日本軍部の強硬路線と中国国内の排日運動の高まりから、両国の経済協力はなかなか進まなかった。経済面だけの協力に限界を感じた栄一は、中国北部干ばつ被害に対する救済援助や東亜同文会を通じての人的交流などにも注力した。一九二七（昭和二）年に来日した蔣介石を飛鳥山に迎え、日中関係の将来について語りあった。一九三一（昭和六）年、中国地震被災者救援活動を全国に呼びかけ救援物資を送るが、同年九月、満洲事変が勃発したため活動は中止となった。同年一一月、栄一は九一歳にて死去。蔣介石は訃報を聞き、会議を一時中断、黙祷したと伝えられている。

最後に、こうした栄一と中国との関係を踏まえて、本資料集公刊の意義について述べることにする。まず、中国各都市の主要新聞の記事を通じて、中国側が栄一の訪問をどのようにとらえたかがわかる第一級の資料といえる。第一次大戦が勃発する直前の一九一四年五月に中国を訪れた栄一は、日本財界の大御所として、政財官界に強い影響力を持っていた。当然栄一の行動は内外のメディアの注目するところとなった。本資料集には、訪問先での栄一の行動に関する詳細な記事が収録されていて実に興味深い。いままでにも栄一の中国訪問に関しては、日中において研究業績があったが、それらの研究内容を補完、さらに深化させることに貢献すると思われる。次に、金東氏の研究で明らかにされた在中各国メディア（特に英国）の栄一の中国訪問への見方やそれに対する栄一の反論を中国側がどのようにとらえていたかを知る資料にもなっている。つまり第一次大戦直前の中国市場を巡る欧米各国と日本の動きをつまびらかにできるのである。さらに、日中関係の将来を担うと期待されていた日本外務省の中核の一人、山座円次郎の客死をめぐる資料も、栄一訪問前後の日中関係を分析するための貴重な史料となっている。この他にも様々な角度から一九一〇年代の日中関係を分析するために、本資料が多くの研究者に利用されることを期待したい。

二〇一六年四月三〇日

解説

于臣

本書は中国語資料集『一九一四 渋沢栄一中国行』に基づきながら、渋沢栄一の中国訪問に関する新聞や雑誌の報道および記事を編集・翻訳したものである。原資料集の編集と出版は華中師範大学渋沢栄一研究センターが公益財団法人渋沢栄一記念財団の支援により二〇〇七年後半から始めた企画である。そのなかで、田彤教授の指導のもと、大学院生の張偉然氏、呂暁麗氏、熊偉勇氏、翟金懿氏、李暁雨氏、徐珊珊氏は、渋沢栄一の中国訪問をめぐって、当時の中国で影響力を持っていた新聞・雑誌に対して綿密な調査を実施した。みなさんの並みならぬ努力があってこそ、原資料集はめでたく二〇一三年の印刷出版にこぎつけたのである。[1]

二〇〇六年九月二六日、渋沢栄一研究センターが創立された当日、筆者は客員研究員として招聘された。こういった縁がある関係で、当センターの長年の努力の結晶たる資料集『一九一四 渋沢栄一中国行』を手に入れた瞬間、その喜びはひとしおであった。それのみならず、ぜひこの資料集を日本語に訳し、日本の読者にもご覧いただきたいという気持ちに駆られた。

では、この資料集の価値はどこにあるのだろうか。まず、原資料集に掲載してある章開沅氏、馬敏氏、陶徳民氏の序文（本書にも収録してある）からはすでに本書の重要性を窺うことができる。次に筆者は、中国の渋沢研究および渋沢の中国認識をめぐってあらためて本書の意義を述べたいと思う。

渋沢栄一の名著である『論語と算盤』は、早くも一九九四年に中国で翻訳され、大きな反響を呼んだ。[2]その後、何回も版を重ね、中国人ビジネスマンの必読の一冊とされてきた。一九九六年版の翻訳者である王中江氏は渋沢栄一のこの著書の意義について「一人の外国人が新たに孔子および『論語』を評価し、そこから商業と経営の道を見つけた。このことが儒家の発生地である中国に大きな示唆を与えたことはいうまでもない」[3]と述べ、『論語』を活用した渋沢栄一に対して賞賛の意を表した。また、中国中央テレビ（ＣＣＴＶ）が二〇〇六年に製作した人気番組『大国崛起』は、イデオロギー上の相違を乗り越え、九つの先進国（ポルトガル、スペイン、オランダ、イギリス、フランス、ドイツ、日本、ロシア、アメリカ）の興亡盛衰を客観的に説明し、これらの国の長所および成功した経験を中国の民衆に紹介した。そのなかで、日本の近代化に関して、渋沢栄一は貢献者としてピックアップされ、好評を博した。その解説には「生涯で五百以上の企業を創立した渋沢栄一は、『日本資本主義の父』と称せられる。実業界に転身してから中国の儒家経典『論語』を自分の行動指針とする。彼はいたるところで講演を行い、人々に『論語』と算盤を一致させることを呼びかけた。渋沢栄一は『義利合一』の経営理念を提起した」という言及があり、経営理念の唱導をはじめ、日本の近代化に大きな役割を果たした渋沢栄一の活動の意義を強調している。

また、前述の『論語と算盤』の訳本の出版とマスコミによる渋沢栄一への評価のほかに、中国の研究者による渋沢研究も盛んに行われてきた。たとえば、筆者以外に馬敏氏および周見氏は渋沢栄一の言動を、同時代の中国の実業家である張謇（一八五三～一九二六）と比較しながら考察を行っている。日中両国の経済的近代の相違を来たす原因を探るために、思想史や経営史の視点から行われたこれらの研究は、実業家の属人的な要素以外に、両国の社会政治背景および政府行為の相違により、経済的近代化の完成度が異なっていると捉えている。[4] ただ、渋沢栄一と張謇とは直接交流がなかったためか、当時の日中関係における実業界の交流および両者のような実業家の位置づけについては考察がまだ不十分である。

一方、喜ばしいことに渋沢栄一の対中認識を考察する研究が進展してきた。一つは片桐庸夫氏の著書『民間交流のパイオニア・渋沢栄一の国民外交』（藤原書店、二〇一三年）、もう一つは中国の若手研究者金東氏の「渋沢栄一の対中実業思想と利権問題について」（『渋沢研究』第二二号、二〇一〇年）である。両氏とも、渋沢栄一が一九一四年に中国を訪問したことに触れたが、用いられた史料はほとんど『渋沢栄一伝記資料』[5] などの日本側のものに限られている。そのため、当時の中国のマスコミがどのように渋沢の中国訪問をみていたのかについては十分に論考していない。これらの中国側の史料がない限り、渋沢栄一の国民外交および対中観念に対する考察はもちろんのこと、渋沢栄一と中国との関係の全体像は読みとれないといえよう。

幸運にも、原資料集は渋沢栄一の中国訪問を扱う当時の中国マスコミの様子を再現してくれた。そのなかには、当時の中国で大きな影響力を持っていた上海の『申報』、『新聞報』、『神州日報』、『時事新報』、『時報』、瀋陽の『盛京時報』、開封の『河南日報』、成都の『国民公報』、杭州の『全浙公報』など一〇紙あまりの中国の新聞のみならず、日本人が経営している北京の『順天時報』および大連の『満洲日日新聞』も収録の対象にされている。とりわけ、日本の立場を代表する『順天時報』は渋沢栄一の言動を記す以外に、当時の政局をめぐる両国世論の食い違いを反映する社説も多く、渋沢研究だけではなく、当時の日中関係に対する考察のための参考資料としても大変価値がある。

まず本書の大まかな内容構成について説明しよう。本書は主に二つの部分に分かれており、第一部（原資料集の第一部分）は、渋沢栄一が神戸から出航し、上海、杭州、蘇州、南京、九江、大冶、武漢、北京、天津、大連、旅順を経て最終的に帰国するまでの旅先およびその間の言動を詳細に記載している。具体的に、渋沢栄一の演説、中華民国大総統袁世凱への謁見、中国の官僚、商人および在中国日本人外交官、日本居留民開催のパーティーへの出席などの史実を全て収録している。第二部（原資料集の第三部分）は渋沢栄一の訪中をめぐる同時期の日本の外交と内政の諸般様相を反映する新聞の記述等を取り上げている。原資料の第二部分は駐中国日本公使の山座円次郎[6]および水野幸吉[7]参事官の葬式に関する記事が中心となっているので、本書からは割愛している。ただ、渋沢栄一の訪中と関わっているところがあるので、後文において触れることにする。なお、原資料集の第一部分に載っている『満洲日日新聞』はもともと日本語新聞であったため、本書には収録していない。

では本書で扱っている中国のマスコミは、渋沢栄一の中国訪問に対していかに反応したのか。また当時、日中両国の思惑はこれらの記事にどのように反映されたのか。これらの問題を念頭に置きつつ、本書を通読すれば、渋沢栄一の思想およびその限界、また国民外交をはじめとする日中交流の意義およびその問題点を垣間見ることができるのではないかと思われる。なお、一九一〇年代の日中関係に関しても、本書に収録されている当時の新聞記事からはその一側面を窺うことができるだろう。

次に、その予備知識として、近代以降の中国国内外の事情および一九一〇年代の日中関係の全体像をまず概観してみよう。

一、近代以降の中国および一九一〇年代の日中関係

周知のごとく、一八四〇年のアヘン戦争でイギリスに敗れた清朝は、領土の割譲以外に関税自主権の喪失や領事裁判権の承認などを含んだ不平等条約を締結させられた。本書において、日本の権益をめぐって中国での米英の独占的タバコ販売を懸念する日中間の交渉が記されている（『申報』）。これは関税自主権の問題と関連がある。

一方、中国国内の事情からみれば、敗戦賠償金に伴う清政府の大幅な増税に加え、自然災害の頻発などにより、太平天国[8]をはじめとする農民の暴動が相次いで起こった。なお、清朝は一八五六年のアロー戦争にも敗れ、支配層の一部の官僚は「自彊」〔みずから勉め励むこと〕をスローガンにして西洋式の軍事工業、産業を発展させんとする洋務運動を開始した。ただ、この運動は一八九四年の日清戦争〔甲午中日戦争〕により痛手を蒙り、無残な失敗に終わった。そのうえ、清政府は日本に巨額の

賠償金を支払うために、外国銀行からの多額の借款に頼るしかなかった。そのために関税や塩税などをその担保に充てざるを得なくなり、重要鉄道の投資・敷設権や鉱山採掘権もフランス、ドイツ、ロシアに奪われたことになり、中国沿岸の重要港の大部分が外国の租界[9]となった。なお、在華権益の拡大をめぐって諸列強間の奪い合いが始まり、各国は相互の衝突を避けるために勢力範囲を互いに承認しあった。本書が触れた揚子江流域でのイギリスの権益独占はこういったコンテクストに関わっている（『申報』、『時報』、『神州日報』、『東方雑誌』）。その後、義和団事件（一九〇〇年）による北京議定書の締結は中国の完全な半植民地化を促進した。

日本および西洋列強の侵略を受け、内憂外患に直面した改良派の維新変法[10]、立憲運動[11]、ならびに政府側の新政[12]があったが、いずれも清朝の崩壊を食い止めることはできなかった。一方、亡国の危機に瀕し、中国のブルジョアジーや開明的郷紳は、清朝の対外妥協政策に反対しつつ、外国資本に握られた鉄道と鉱山の利権を回収しようとする活動を繰り広げた。一九一一年五月、清政府は民営の鉄道会社を強引に接収し、借款の抵当として鉄道の敷設権を四か国（イギリス、フランス、ドイツ、アメリカ）銀行団に売り渡そうとした。これを受けて大規模な反対運動が起こり、革命派は武装蜂起を企図した。遂には、一〇月一〇日に武昌蜂起が始まり、封建王朝を倒そうとする辛亥革命が勃発した。一九一二年一月一日、革命の指導者である孫文は中華民国臨時大総統に選ばれ、南京で中華民国臨時政府を樹立した。この間、清朝は北洋軍閥の袁世凱に陸海軍の指揮権をすべて与え、革命派との戦いを続けさせた。しかし、革命派勢力は弱体であったため、皇帝の退位などを交渉の条件として、袁世凱を代表とする清朝側と妥協・和議を行った（南北和議）。二月一二日、清朝皇帝の退位によって中国における二千余年の封建王朝は崩壊することになる。一四日、孫文は袁世凱に承諾した通りに大総統を辞職し、袁世凱は臨時大総統に就任した。ただ、その後しばらくの間は、中華民国の国家体制はまだ定まっておらず流動的であった。三月に執政者の権限を制限した『臨時約法』が公布された。しかしながら、袁世凱は自分の独裁権を確立するためには手段を選ばなかった。一九一三年三月に、袁は議院内閣制を独裁制の最大の敵として、国会議員選挙で勝利を得た国民党の宋教仁[13]を暗殺し、四月に議会の反対を押し切って五か国（イギリス、フランス、ドイツ、日本、ロシア）銀行団から借款を行い、独裁のための資金を確保せんとした（善後大借款）。孫文の指導のもとで、袁世凱の独裁政治を覆すために、一九一三年七月に李烈鈞[14]が江西省で武装蜂起を行い、黄興[15]が呼応したが、結局鎮圧された（第二革命）。その後、袁は一九一四年五月に『臨時約法』を廃棄し、大総統の権限強化を狙う『中華民国約法』を制定した。この部分に関しては本書の第二部で触れている（『神州日報』）。

次に、民国成立後、諸列強の対中政策を見よう。南北和議の際、イギリス、アメリカ、日本、ドイツ、ロシア、フランスは干渉しない方針を守る一方、戦争発生時において、自国の商人の利益を損ねられた場合、駐在の軍隊を増やすこととした（『申報』一九一二年一月七日）。実際のところ、民国政局の混乱に乗じて、ロシアおよびイギリスはそれぞれモンゴルの独立、チベットの分裂を目論んだ。[16]本書で言及した大隈重信の東方平和論には、これに関係した論点が現れ出ている（『東方雑誌』）。

ではこうした国際情勢の中で、一九一〇年代の日中関係、とりわけ経済界の交流はいかに位置づけるべきだろうか。辛亥革命が起こった後、対中政策に関しては日本政府内部において意見が分かれていた。本書においても、革命派への日本の支持に対する猜疑に関する記事が載せてある（『順天時報』）。一方、政府の影響で財界内部の対中態度は必ずしも一致していなかったとされる。ただ、その後、国内外の情勢の推移に伴って、財界は積極的に対中政策を唱え始めたのである。[17]

次に、財界関連で、本書の記事によく出てくる中日実業会社のことを取り上げよう。この会社の前身は一九一三年六月に孫文と渋沢栄一が発起人として創立したもので、資本金は五百万円、日中両側の共同出資により運営される。商号は中国興業株式会社、中国名は中国興業公司と名付けられた。経営内容は企業への直接または間接の資金供給および融資、各種債権の応募と引き受けなどである。本店の所在地および支店の所在地はそれぞれ東京と上海とに決められた。設立の主旨は「東亜ニ於ケル同種ノ二大国民ノ結合ヲ一層、鞏固ナラシムルト共ニ、唇歯輔車ノ交誼ヲ厚フシ、提携ノ実ヲ挙ケンカ為メニハ国民相互ノ経済的連鎖ヲ密ナラシムルニ若クハ莫シ、是レ茲ニ中日両国ニ於ケル有力ナル実業家相集リテ東亜百年ノ大計ノ為メニ誠意ヲ披瀝シ、中日合弁中国興業株式会社設立ノ挙ヲ提唱スル所以ナリ」[18]と言われたように、「唇歯輔車《しんしほしゃ》」（互いに助け合い、一方が亡べばもう一方も立ち行かない」の交流を深め、両国の経済的協力を目指すものである。ただ、その経営はたびたび政局の変動によって翻弄されることになる。というのは、当時、辛亥革命後の混乱が続き、国全体は統一されておらず、北洋軍閥（北方派）や南方革命派（南方派）の対立があったからである。最初のうちは、北方派側は、この会社は日本が南方を援助するために設立されたものと誤解していた。第二革命が失敗に終わった後、南方派を指導する孫文が失脚し、政権は北方派の袁世凱に握られた。かくして会社はその運営方針等の変更を余儀なくされた。一九一四年四月に会社名は中日実業会社と改称されることになった。袁世凱は、会社が南方派の国民党側に利用されることを恐れ、それを自分の管理下に抑えようとしていた[19]。

本書において、当時の中国マスコミは渋沢が袁世凱と会見したことを取り上げたが、その談話の内容には言及していない。実は面会のとき、袁世凱は渋沢に向かって「向後も両国の親善なる交誼を鞏固に保持せんと欲せば、其の経済上の関係を密接ならしめえざる可からず、これ予が中日実業会社の事業に賛同し、楊士琦をして之に加はらしめたる所以なり、何卒充分此上の御尽力を煩はしたし[20]」と述べ、経済連携の期待を示し、政治上の意図を隠した。こうした文脈をおさえた上で本書に収録した中日実業会社の関連記事を理解すればよい。たとえば、会社は孫文との関係を否定していたと報道したり、会社発起人の中、南方の省出身の者が多かったことに気を使ったりする記事がある（『申報』）。にもかかわらず、渋沢はかつて「南北ノ戦況如何ニ拘ハラス本会社ハ毫モ之ニ関係ナ[21]」いと述べたことがあるように、政治と経済を分けて考える経済人の本領をみせる。さらに、こうした立場によりつつ、彼は袁世凱のことを「単に武人的政治官たるに止まらず、近世稀に見る実際経済家[22]」であると評価したのである。これは当時、袁世凱を政治家としか見做していない中国のマスコミに十分ショックを与える見方ではないだろうか。

しかし、日中両国の外交関係をはじめ、国際情勢の目まぐるしい変動および現地中国マスコミの日本認識は、純粋な経済人の立場で民間外交を推進せんとする渋沢の想像を遥かに超えていた。中日実業会社は、日本の勢力の拡張の一環として理解され（『申報』）、袁世凱との会見さえ、一部のメディアにそれは政治的意図があると憶測されている（『新聞報』）。

次に日中関係に対する中国のマスコミの態度をみてみよう。大隈内閣の対中政策および日英同盟の動向はメディアの注目を集めていた。そのなかで、大隈内閣の対中政策をめぐる大隈重信の東方平和論が紹介され、シーメンス事件をはじめとする日本政界の風潮および内閣交代の経緯（『東方雑誌』）、在中国日本公使の人選等（『盛京時報』）も即時にとり上げられていた。日英同盟に関しては、渋沢の言論以外に、日英が袁世凱政権の政策に注目しつつ、虎視眈々と中国を狙っていると捉えた社説がみられる（『神州日報』）。いずれにしても、政局の変動次第で日中関係が変わるだろうと考えていたマスコミの姿勢が窺われる。

一方、渋沢は日本政府の対中外交の不振について、訪中期間中の日本人向けの演説のなかで言及したことがある。その原因は政策の不統一にあると、渋沢は見ていた。本書にも収録してあるが（『申報』）、渋沢からすれば、これまでの日本の対中外交は三つのパターンに分かれる。一は外務省の外交、二は軍人の外交、三は浪人の外交である。渋沢は「此三者は常に扞格して相容れず、動もすれば欧米諸国に乗ぜらるゝのみならず、往々支那の誤解を招く原因をなせり」[23]と語った。すなわち、この三者はいつも相容れない関係にあるため、競争相手に隙を与えるだけではなく、中国の誤解も招いているというのである。実は当時の中国マスコミも日本のこうした複雑な対中外交を認識している。本書には収録していないが、以下は同年末頃に刊行された『正誼』雑誌に載っている社説である。

（前略）各新聞メディアおよび学者は中国を第二の朝鮮とみなしている。なぜかといえば、辛亥革命以来、中国の政局が安定していないからである。日本の対中政策において、南進主義と北進主義がある。なお、北進主義は外交派〔条約締結を侵略の手段とする〕と陸軍派〔武力依存〕に分かれている。なお、対支同志会や対支聯合会などの各種団体も積極的に政府の対中政策に関わっている。政府派が中国事情の隙間を虎視眈々と狙い、国全体を安定させないようにする。また浪人派の人たちは破壊分子と連合し、機会に便乗して破壊活動を企てる。これを前に、中国はどうすればよいか。立憲を通じて、国民に政治に参与させてこそ、国を強めることができる。さもないと国がますます弱体化し、極端な場合、滅んでしまう。政治の改善は立国につながる。実力さえあれば他国の陰謀でさえも親善に変わることになる。我が国民が迷わずに決心をつける時期は訪れたのだ。[24]

明らかに日本の対中政策に関する中国側の視点が渋沢の観点と似ているといえよう。ただ、中国側は日本の外交手段よりも、むしろ自国の政治面の改善を求めている。彼らからすれば、他国の陰謀を打ち破る唯一の方法は、政策の改善による国力の増強である。その時こそ、他国との「親善」を考えられるようになる。

次に、本書の読みどころについて課題ごとに整理する。読者の理解の一助とすることができれば幸いである。

二、渋沢栄一は日本政府の代弁者か

渋沢栄一は政界から実業界に転身した後も政府側と緊密な関係を持ち続けたのは事実である。一部の研究において、渋沢をはじめ、日本の財界人は、日本政府が推進した大陸政策（アジア大陸に対する政策）に加担したとされている[25]。

実は、今回の渋沢栄一の中国訪問について、一部の外国および中国のマスコミは、利権の獲得がその目的であるとみていた。また、日英同盟をめぐる渋沢の言論も大隈内閣の対中政策と同調していると見做される。すなわち、日英同盟を重視し、英国の財力に頼りつつ、日本の知恵を活用し、両国が協力して対中政策を実施すべきであるという大隈の主張は、渋沢の立場と一致しているということである（『申報』、『神州日報』）。これに対して、渋沢は断固として否定し、繰り返し訪中の動機を説明した（『盛京時報』、『神州日報』）。つまり、その動機は第一に、多年の宿望である孔子廟への参拝。第二に、中日実業会社の円滑な経営のために中国政府および実業界の有力者と交流を深めることにあるという。『順天時報』も渋沢のために弁解する。それにもかかわらず、一部中国マスコミの憶測は途切れてはいない。たとえば、渋沢栄一の交渉により揚子江流域の権益が日本に譲られたとか（『時事新報』、『時報』)、招商局[26]もまもなく日本人の手に入るだろうというマスコミの懸念も新聞の紙面を賑わした(『神州日報』)。

では、渋沢栄一の中国訪問は日本政府とまったく関係がなかったのだろうか。必ずしもそうとはいえない。渋沢の訪中に際して、中日実業会社の中国側の総裁である楊士琦は「渋沢男渡支サレテハ、世評喧シク、却テ同公司ノ事業ニモ妨アランカトノ懸念」を示した。そして在中国日本公使の山座円次郎は牧野外務大臣に送った電報において、次のように述べている。

卑見ニ依レハ、渋沢男ノ渡支ハ名実共ニ単純ナル漫遊トシテモ日支両国関係ニ利益アルベキコトハ疑ナク、支那側ニ於テモ(渋沢男カ利権獲得ヲ目的トセラレザル限リハ)無論相当歓迎スヘシトハ思ハルレトモ、楊士琦ノ懸念モ理由アルニ付遠カラス、本邦へ渡航スヘキ中日実業公司支那側代表者ノ意見ヲモ徴シ、且森恪ヨリ親シク事情御聞取ノ上、同公司総会後ニ於テ何分ノ儀決定セラレンコト可然、何レニシテモ此ノ際広ニ発表セラル、コトハ不得策ト思料ス。[27]

つまり、山座公使からすれば、渋沢の中国訪問に対する中国側の猜疑を避けるために、表向きには「単純ナル漫遊」という形をとり、大っぴらに外部に宣伝すべきことではないとしている。ここから、渋沢の訪問が日本政府と関係がないとは言い切れないことが判明する。ただ一方で、渋沢本人は政府と違うレベルの国民外交を唱導している。つまり、「所謂国と国との外交のみでなく、国民と国民とが真情を以て交ると云ふ、国民外交の実を挙げる様に勗めなければならぬと信ずる」と。[28]

片桐庸夫氏は、中国興業会社の創立に関する渋沢栄一の立場を取り上げつつ、渋沢のことを「民間交流のパイオニア」と評している。実は渋沢本人も、この会社について「原来政局と何等関係なく、殊に中日経済界の連絡は東洋平和に対し賚す利益至大なるは一般の認むる所に有之[29]」と、政局と一線を画することを明言している。なお、今回の中国訪問をめぐって、政治と経済を分けて考える渋沢の言動はある程度の成果をあげたのである。以下、日本『時事新報』の一節を引用したい。

中日実業公司に関し、渋沢男の余（時事新報通信員）に語れる所に拠れば、同公司は株式全部の引受を終り、先月二五日其本店を北京に置き楊士琦を該公司総辨に任じ、支那の法律に準拠す可き約束にて正式に成立を告げたるも元来該公司が孫逸仙等の発起に係る関係上種々の誤解を生じ、事業の進行に妨害ありしが、今回男来京の上、袁総統初め各総長に面会し、日支実業関係は決して諸外国の関係と同じからず政治を離れ、双方の利益を図る純然たる商売関係に過ぎざることを説明せる結果、漸く幾多の誤解も氷解し、双方の意志十分に合致し、各総長孰れも該公司の為め、一時の労を惜しまざる旨を明言せるのみならず、男より申出でたる事業も漸次着手されん機運に向ひ居れば、該公司も前途決して憂ふるに足らず、今後必ず実際方面の活動に移るたらんとあり、尚ほ支那新聞紙の所報に拠れば男の来京は日支実業関係の上に絶大の効果を現はし北方実業家の誤解も解け一般の気受良好なりと。[30]

つまり、渋沢の努力が確かにある程度まで中国の人の誤解を解消したという意味で、よい効果を収めたといえよう。ただ、渋沢の訪中によってその誤解が完全に解けたとは考えられない。何故か。片桐氏は、渋沢は中国における日英関係に関して、とりわけイギリスからの経済的脅威への見方が楽観的すぎたと捉えている。なお、政治的混乱が続く中、当時の中国の状況は、渋沢などの実業人の対処の限界を遥かに超えていたとみている。筆者からすれば、渋沢の思想構造そのものからもその原因を発見することができるのではないかと思う。そのなかで、「利権」問題に対する渋沢の独特な視点は、その例の一つとしてあげることができる。

中国から帰国した後、渋沢は六月一二日に大阪経済会が主催する歓迎会に参加し、中国訪問について演説を行った。そのなかで、利権のことに触れた際、彼は「利権獲得と云へば、一見彼の国民を圧迫するか強制するかの如く聞ゆるも、実際は決して然らず、予は実業上の利権獲得なるものは、経済の原理に基く有無相通ずるものに外ならずと信ず、何となれば今日の支那には遺利頗る多し、然れども彼国民現在の程度にては、自ら之を経営し、其利益を挙げ、己を益し、世を利するの力なし、左ればば我と彼と共同し、彼の及ばざる点は、我之を補ひ、彼此共に利益を得んとするに外ならず、実業を以て平和の戦争と云ふも、予は之を信ぜず、抑も戦争に於いては、勝者は偉大なる利益を得、敗者は甚しき創痍と損害とを受く、然れども商売は此の如きものにあらず、売買双方とも是に依り相当の利益を得るを本旨とするが故に、戦争と同一視して此間兎角の邪推を挟むべきものにあらず[31]」と述べている。すなわち、渋沢は実業上の利権を、自分なりの「有無相通ずる」経済の原理を基準に考えており、他国への経済的侵略につながる側面を見落としていた。こういった論理から推して測れば、当然のことながら、実業はすでに片方が勝ち、片方が負けという性質の戦争と同一視すべきではないものになる。ここで渋沢は日中両国の協力で経済利益を分かち合うことが可能だというウィン・ウィンの関係を築くことを考えているのであろう。かくして渋沢は利権のことを政治と切り離すことによって自らの中国訪問がもたらすであろう誤解を取り除こうとしていた。[32] しかし、彼の論理は中国マスコミの中でどれほど通用するのだろうか。たしかに一部のメディアは彼の訪中を、政治と関係のないものと認めている（『時事新報』）が、彼がこうした思想構造を持つ限り、いくら利権の獲得という目的を否定せんとしても通じないのではないか。筆者からすれば、日本であろうと中国であろうと、近代実業の発展はあくまでも「政治」と不可分な関係にあると言わざるをえない。これは当時、日中両国における実業界の交流が直面していた難問でもあった。

三、同文同種

渋沢の訪中に関しては、日本のマスコミも注目していた。『実業之日本』には以下のような関連記事が載っている。

地相近ク俗相類シ、文学又殆ド共通シ、而シテ国交ヲ締スルコト爰ニ二千年。日支両国ハ理当ニ交情敦ク、国民相提携スベク、殊ニ我国識者ノ誠意、支那ノ保全ト開発トニ努ムルコト篤キニ拘ラズ、支那人動モスレバ却テ排日ノ風ヲ揚ゲ、敬シテ我ヲ遠ケントスルガ如シ。是レ日支国民ノ意志疎隔シ、我国民ノ誠意未ダ彼ニ徹底スルニ至ラザルニ由ルニアラザルカ。月ノ二日渋沢男爵老躯ヲ提ゲテ渡支ノ途ニ上ル。一社ノ事ニ係ルト雖モ、着後、必ラズヤ広ク朝野ノ人士ト交遊シ、我国民誠意ノ存スル所ヲ披瀝スベク、殊ニ其人格ト声望トハ以テ支那人ノ誤解ヲ払フニ足ランカ。男爵七十五歳ヲ以テ、実業的平和ノ使命ヲ帯ヒテ渡支セルハ大隈伯ガ七十七歳ヲ以テ臺閣ニ立テルト共ニ、其老来ノ意気旺盛ヲ示セルモノ、吾人其労ヲ多トシ、顧ミテ青年奮起ノ要ヲ想フコト切ナリ[33]。

ここで、日中両国は同「俗」同「文」関係にあるため、道理上、相互睦まじく提携すべきであると指摘されている。ただ当時、中国においては反日の風潮がまだ収まっていなかったため、まずは両国の相互不信を解消しなければならなかったという。渋沢はまさにいわゆる「実業的平和ノ使命」を背負って中国へ旅立ったのである。本書を読めば分かるように、渋沢栄一、大隈重信のみならず、袁世凱をはじめ、中国側の官僚も両国の関係に言及したとき、同文同種のことをよく口にする（『時事新報』、『東方雑誌』、『政府声明』）。

次に、こういった同文同種という角度から、中国の官憲がいかに日本の外交官を見ていたのかについて、原資料集に収められている山座円次郎公使および水野幸吉参事官の逝去に関する記事からみてみよう。これらの記事を収録する理由として原資料の編集者は、二者の急逝を渋沢栄一の日程を急遽変更させた重要な要素とする以外に、二者の外交ぶりへの評価が日中関係の行方に対する中国人士の憂慮を反映しているとみている[34]。

原資料集の第二部分を見た限り、水野幸吉参事官の逝去に関しては、山座公使ほど多く報道されてはいないが、その性格に対しては、日本の新聞だけでなく、中国のメディアもよい評価を与えている。たとえば、上海の『神州日報』は、彼が頭脳明晰で、中国の事情を知悉する、優れた外交人材であるととらえている。一方、山座公使の急逝についても、同紙は痛恨の念を示し、東亜の平和維持を責任とし、長い目で日中関係を見ながら両国の提携に尽力した彼の努力に賛辞を惜しまなかった。また、山座公使の仮葬式について、中国の各新聞は大きな紙幅を割いて報道していた。葬儀が厳かに、盛大に行われたこと、官憲が大勢参列したこと、さらに袁世凱大総統の弔詞も代読されたことが記載されている。とくに『国民公報』では、山座の遺骸が正陽門を通過するという異例の厚遇で見送られたことも報道している。その理由について同紙は、山座が長年中国に駐在し、中国の人々と仲良くしていたからだと分析している。

次に、日中関係の展開における山座公使の位置づけに関して、原資料集にある『満洲日日新聞』では、公平無私に昌黎事件[35]を解決したことなどを取り上げ、山座の実績を評価していた。一方、上海の『申報』は「山座氏急逝と日本外交との関係」という見出しで、山座の逝去が、日英同盟への態度をはじめとする大隈内閣の新外交政策および日中関係に与える影響について、日本の新聞記事を引き合いにしながら懸念を示した。

では、山座公使は外交官としていかなる手腕を振るったのだろうか。これは山座に対する評価に関わる重要な部分であろう。山座が駐中国公使として起用されたのは一九一三年六月のことで、七月二七日に北京に着任した。ちょうどそれは第二革命が勃発して間もない頃であった。原資料集に収録してある山座の回想によると、第二革命に際して孫文および黄興は彼に秘密電報を送り、日本の援助を仰いだとある。これを受けて、山座は当時の中国の時勢を見極めたうえで、その無謀さを指摘し、人を派遣して革命の中止を勧告した。[36] にもかかわらず、第二革命が起こったのである。『満洲日日新聞』をみると、第二革命の勃発およびその失敗は日本にも悪影響を及ぼし、とりわけ敗北した後の革命志士は日本に亡命して居住した者もいたため、民国政府の反感を買ったという。山座は「民国政府側は依然として第二革命を以て日本に関係があるものとし、終始猜忌の情を抛たざるは遺憾の事なり」[37]と述べ、無念さのまじった思いを禁じ得なかった。ここからみれば、山座が冷静に長い目で日中関係を見据えていたことが分かる。ちなみに、第二革命と日本政府との関係に関しては、英文『北京日報』よって指摘された革命党に対する日本の援助に対して、本書の第二部に収録してある『順天時報』は辛辣な筆鋒で反駁した。

次に、山座と中国の政治家との交流を考察しよう。実際のところ、駐中国公使に就任する前、彼は一九一二年九月に各地の情況を視察するために中国へ赴いたことがある。その際、彼は二回も袁世凱と会見しており、黎元洪[38]（黄興同席）、南京都督の程徳全[39]とも会談した。[40]袁との会談において山座は、「貴我両邦ハ深ク利害ヲ共ニスルモノニシテ日本ハ貴国ノ為メ近キ友達ナルノミナラス近キ親類ナリ[41]」と語る。ここの「親類」という用語から、日中両国はこの上もない親密な関係にあるという山座の見方が判明する。

ただ、この「親類」とは裏腹に、山座が終始日本の国益を念頭においていることは見落とすことができない。袁世凱は山座に、中国留学生への援助を求め、両国の親交を深めたいという。すなわち「従来最モ多クノ留学生ヲ貴国ニ送リタルコト故今後モ範ヲ貴国ニ採ルコト最モ多ク貴国ノ援助ヲ要スルコト甚タ尠ナカラス従テ飽迄貴国ト親交ヲ結フコトハ政府ノミナラス民間一般ノ希望ナルニ付左様御諒承アラムコトヲ乞フ[42]」と。その上、袁は、自分の地位を脅かす宗社党[43]を支援する日本人を取り締まってほしいと山座に依頼した。これに対して山座は、もし中国が領土保全を失えば、日本の安全が脅かされるとし、「東亜大局の維持に」取り組まなければならないと答えた。[44]ここで山座は、他の列強による中国の占領は日本に大きな脅威をもたらすとし、両国の連帯を狙おうとしたといえよう。

また、黎元洪と会見した際、日露戦争における日本の戦勝に言及し、ロシアが満洲を占有すれば、中国の領土の保全を破るのみならず、日本の安危に関わると述べている。したがって、「日本ハ自ラ絶対ノ犠牲ヲ伴シ独力以て露国ヲ撃破」し、満洲の全部を中国の主権に恢復したと付け加えた。しかし山座からみれば、中国の領土保全に犠牲を払った日本は「僅ニ露国カ正当ニ租借シ居タル旅大〔旅順・大連〕ト長春以南ノ鉄路ヲ得タルノミ[45]」だった。ここで外交官として、払ったものに対してはきっちりと対価を得ようとする山座の現実的な面が窺われる。

一方、先述したように、中国マスコミはなぜ温かい眼差しで山座を見ていたのか。『満洲日日新聞』は山座が中国の事情に精通し、中国の国民性を理解しているとみている。また、山座は中国や朝鮮の人たちと接した際、見下すような態度をとらなかったとも言われている。ただ、アジアへの膨張・拡大が日本の使命であるとする山座の考えは終始変わっていなかったとされ、しかもこの膨張的な考え方は当時、ほとんどの日本人の指導者が持っていたと論じられている。[46]

いずれにしても、文字や人種が近いというだけで、両国の相互理解と提携が必ずしも容易に実現できるとは限らない。おそらく渋沢栄一の場合にも同じ難問が立ちはだかっていたであろう。筆者が重要であると考えるのは、渋沢がどのような階層の人と交流したのか、またいかなる交流活動を行ったのかである。本書に収録されている各新聞の記事からも窺うことができるが、中国に到着後、渋沢はほぼ毎日のように、歓迎パーティーや宴会、ならびに会合に出席していた。移動するとき、中国側の配慮で特別車両も用意された。ただ、留意してもらいたいのは、渋沢の交流活動が中国社会の上層部の人々にとどまっていることである。一般の民衆の感情や気持ちに対する理解がどれくらいできていたのかは問題である。それどころか、同じ宴会に出席した中国側の賓客とどの程度まで交流を深められたのかに対しても疑問を抱かざるを得ない。

次にこれまでの日中両国における実業家間の交流をみてみよう。実は日露戦争後、中国では日貨ボイコットが頻繁に起こった。これを受けて日本政府は外交レベルにおいて色々折衝を続けていたが、実業家間の意思の疎通を見落としてしまった。この状況に対して、日本政府は反省をしていたと言われている。[47] 渋沢の中国訪問より四年前、近藤廉平が率いた渡清実業団が南京で開かれた南洋勧業会に参加しているが、その際、日清両国における実業家交流の不足を指摘していた。[48]

では何故、長らく実業界の交流がなかったのか。まず考えられるのは、対中認識の不足である。本書にも渋沢が「中国を長く遊歴すればするほど中国の情勢は分からなくなる」(『時報』)と語っている記事が載せられている。このほかに、当時における両国の相互不信を反映したマスコミの錯綜した憶測がよくみられる。渋沢にいたっては、こういった中国政局の混乱および目まぐるしい情勢の変化を前に、なにをすれば両国の関係を改善できるかについては困惑していたはずであろう。しかし、別の角度からみれば、相互理解の不足があったからこそ、渋沢の訪中を日中交流史における重要な出来事として銘記しておくべきである。相手を理解するためには、切磋琢磨というプロセスがどうしても必要だろう。

ではこうした背景のもとで、中国現地の人々およびマスコミはいかに渋沢をみていたのか。これも本書の読みどころの一つであることはいうまでもない。

前述のように、渋沢は中国の各地へ到着したとき、熱烈な歓迎を受けた。宴会の主催者は渋沢に会うことを喜び、それは光栄なことであると言った(『時報』)。なお、渋沢が日本実業界の重鎮であり、官界とは緊密な関係をもつことも知られている(『神州日報』)。また、渋沢の言動に関する新聞記事から、彼がいかに自分なりのスタイルで中国の現地の人と巧妙に交流を行ったのかが分かる。たとえば、渋沢の演説の雰囲気は「まるで春風が頬を撫でて、少しずつ甘美な世界に入り、全体が喜びに包まれていくよう」と描写されている（『順天時報』）。なお、彼が華々しい書道の披露を通じて現地の名流と仲良くする記事も載せられている（『時報』）。

一方、渋沢栄一の目には、当時の中国はどのように映っていたのだろうか。周知の如く、渋沢は生涯を通じて『論語』を座右の銘とし、経済と道徳とは一致しているという彼の持論も『論語』の読み替えによって提起されている。実際、今回の訪中においても彼は機会があるたびに『論語』を話題に取り上げている。これについて、彼は次のように回想している。

今次（大正三年春）中国の地を踏み、実際につき民情を察するに及び、あたかも精緻巧妙を極めたる絵画によりて美人を想像し、実物につき親しくこれを見るにあたり、始めてその想像に及ばざるの恨みを懐くと等しく、初め想像の高かりしだけ失望の度も深く、逆施倒行とも言うべきか、余をして儒教の本場たる中国の到るところにて、しばしば論語を講ずるの奇観をさえ呈せしめたのである。[49]

渋沢にとって当時の中国の実態は、彼を失望させたほど予想外のものだったことが判明する。孔子に対する中国の人の態度について、渋沢の同行者だった尾高次郎は「自分等が漫遊中支那人に就いて驚いたのは、支那人が孔子に対する尊敬の念の薄い事である。支那人の多くは孔子を以て、一の喋舌る人であって実行の人でないと見て居る、故に論語の教への如きは取るに足らず、若も孔子の教へを奉ずる時は却って其の国が衰亡するものとまで云ってゐる。男爵が孔子を尊敬し、中華民国の官民が論語を軽んずる所は、全く雪と炭の相違で、彼等は商売と道徳を別物と思ふて居る[50]」と回想している。すなわち、当時の中国の人からすれば、『論語』の教えは無用の長物同然で、経済と道徳もまったく関係がないようにみていたということである。当然のことながら、当時において、渋沢の経済道徳説を痛烈に批判した評論がある。この評論は弱肉強食の世界情勢および日本の南満洲での植民地経営を念頭に、道徳の進歩は望めないとみていた（『中報』）。ここからみれば、先述した「利権」に対する彼の見方からも窺えるように、中国のナショナリズムに対する渋沢の理解は不足していると認めざるをえない。彼は中国との経済的関係を密接にし、「真摯質実」の行動を通じて中国の実業界の発展を促進すべきと語った。つまり「実業家は如何の態度を保持すべきかと云ふに唯一意支那との経済的関係を密接にし、真摯質実の行為を以て支那の実業界の発展を促進すべきなり[51]」と。

ただ、中国のマスコミに、渋沢のいう「真摯質実」はどれくらい伝わっていたのだろうか。渋沢が実業界の支援を得て日本の対中政策の転換を求める動きを起こさない限り、自らが望む形の日中関係構築は不可能であったという片桐氏の分析は正鵠を得ているといえよう（片桐、前掲書、三八五頁）。なお、その後の日中関係は渋沢の望んでいた良い方向へ進んでいかなかったのが事実である。

本書を一読し、渋沢の訪中を扱う新聞記事等を通じて、一九一〇年代の日中関係の一側面を少しでも理解してもらえれば幸甚である。

なお本書出版にあたり、公益財団法人渋沢栄一記念財団の出版助成を受けた。記して感謝申し上げる次第である。

注

1 同資料集の編集・出版に関わる関係者の努力については、『一九一四 渋沢栄一中国行』「編後語」を参照。

2 『論語と算盤』は、中国においてすでに一九八〇年代に翻訳されていたという説もあるが、筆者が確かめることができたのは、宋文・永慶の訳本『日本企業之父経典名著・商務聖経——論語与算盤』(北京、九州図書出版社、一九九四年)である。

3 「従『論語与算盤』談日本影響中国」、光明日報社『博覧群書』二〇一〇年第七号。

4 馬敏「張謇の経営理念——張謇の士商気質及び渋沢栄一との比較」(『商人精神の嬗変——近代中国商人観念研究』華中師範大学出版社、二〇〇一年)、周見『張謇と渋沢栄一——近代中日企業家の比較研究』(日本経済評論社、二〇一〇年)、拙著『渋沢栄一と〈義利〉思想——東アジアの実業と教育』(ぺりかん社、二〇〇八年)。

5 渋沢青淵記念財団竜門社編纂『渋沢栄一伝記資料』渋沢栄一伝記資料刊行会、一九五五年〜一九七七年。

6 明治・大正期の日本の外交官で外務省政務局長、駐中国特命全権公使を歴任した。一九一四年五月二八日に北京で客死した(一八六六〜一九一四)。

7 明治期の外交官で、米国大使館一等書記官、中国公使館参事官を務めた。一九一四年五月二三日、北京で病死した(一八七三〜一九一四)。

8 洪秀全がキリスト教の影響を受けて樹立した政権(一八五一〜一八六四)。男女の平等や土地の均分など、理想的社会を創ろうとしたが、実現できなかった。

9 外国人居留地。租界では外国は治外法権や貿易の特権を持つ。

10 一八九八年、改良派の康有為および梁啓超が推進した政治改革運動。日本の明治維新にならい、立憲君主制の採用や学校の設立、民間の商工業の振興などを内容とする。結局、西太后などの保守派のクーデターによって挫折した。

11 一九〇六年に清政府が公布した『宣示予備立憲諭』をきっかけに行われた政治体制改革。一九一一年に内閣が設立されたが、成員の半分以上は皇族出身なので、「皇族内閣」と称され、立憲派人士の反発を買った。
12 一九〇一年、西太后の主導で清朝が推進した政治改革。軍隊の近代化、実業の振興以外に、科挙(官僚登用試験)の廃止、学校の建設、留学生の派遣を含む教育改革がその主な内容である。
13 清末・民国初期の革命運動家、政治家で、中華民国初期の政党である国民党の指導者である(一八八二〜一九一三)。
14 近代中国の軍人、政治家であり、孫文の側近とされる(一八八二〜一九四六)。
15 近代中国の革命家である(一八七四〜一九一六)。
16 王建朗・酈永慶「五〇年来近代中外関係史研究」、中国社会科学院近代史研究所『近代史研究』一九九九年第五期。
17 李廷江『日本財界与辛亥革命』中国社会科学出版社、一九九四年、一八六頁、一八八〜一八九頁。
18 「中国興業関係書類」、『渋沢栄一伝記資料』第五四巻、五一六頁。
19 「中日実業株式会社の過去現在及未来」、同前、第五五巻、一〇〇〜一〇一頁。
20 「渋沢男爵支那漫遊中の演説及談話の梗概」、同前、第三二巻、五四二頁。
21 「渋沢栄一書翰控孫文氏宛書翰」、同前、第五四巻、五三九頁。
22 「渋沢男の総統観」、同前、第三二巻、五四六頁。
23 「渋沢男爵支那漫遊中の演説及談話の梗概」、同前、五四一頁。
24 「掲破日人対我積年之陰謀及我国之覚悟」、『正誼』第一巻第六号、一九一四年一二月一五日。
25 李廷江、前掲書、三三〇頁。
26 一八七二年に設立された中国最初の汽船運航会社である輪船招商局の略称。
27 「在中国山座公使ヨリ、牧野外務大臣宛(電報)『渋沢男ノ中国訪問ハ中国興業会社総会後ニ決定方稟申ノ件』」(外務省『日本外交文書』一九一四年・第二冊、事項一〇「中日実業株式会社ニ関スル件」)。
28 「対支回顧録」、『渋沢栄一伝記資料』第三二巻、五八三頁。
29 「当社の沿革二」、『渋沢栄一伝記資料』第五四巻、五三二頁。
30 「渋沢男大成功」(一九一四年五月二七日午前発)、『時事新報』一九一四年五月二九日。
31 「大阪ホテルに於て」、『渋沢栄一伝記資料』第三二巻、五九三頁。
32 金東は「渋沢栄一の対中実業思想と利権問題について——一九一四年の訪中を中心に」で、渋沢栄一の利権観念の特殊性を指摘している（『渋沢研究』二二号、二〇一〇年）。
33 「渋沢男渡支ス」、『実業之日本』第一七巻一一号、一九一四年五月一五日。
34 原資料集の「編集凡例」を参照。なお、『山座円次郎伝――明治時代における大陸政策の実行者』（一又正雄編、原書房、一九七四年）においても、渋沢栄一の日程変更は、水野および山座の急死に関係があるとみられている（同書、九一頁）。
35 昌黎事件とは、一九一三年九月一一日、直隷省昌黎で駐屯日本軍守備隊と中国人鉄道警察の間に起った衝突である。中国人死者が五名。
36 原資料集、一〇六頁。
37 同前。
38 清末・民国初期の軍人・政治家である。第二代、四代中華民国大総統である（一八六四〜一九二八）。
39 清末・民国初期の政治家で、中華民国の初代江蘇都督である（一八六〇〜一九三〇）。
40 『山座円次郎伝――明治時代における大陸政策の実行者』、七七頁。
41 同前、二一四〜二一五頁。
42 同前、二一〇頁。
43 一九一二年一月に清朝の皇族が結成した政治集団で、南北和議および宣統帝退位に反対し、袁世凱からの奪権を目指した。
44 『山座円次郎伝――明治時代における大陸政策の実行者』、二一一頁。
45 同前、二一九頁。
46 同前、一二二〜一二三頁。
47 野沢豊「辛亥革命と産業問題――一九一〇年の南洋勧業会と日・米両実業団の中国訪問」（東京都立大学人文学部『人文学報』一五四号、一九八二年）を参照。
48 白石重太郎『赴清実業団誌』一九一四年。
49 『論語と算盤』国書刊行会、一九八五年、一九五〜一九六頁。
50 「支那漫遊所感（其一）」、『渋沢栄一伝記資料』第三二巻、五七一頁。
51 「渋沢男爵支那漫遊中の演説及談話の梗概」、同前、五四一頁。

第一部

渋沢栄一の言論・活動

一　天津『大公報』

一九一四年五月六日（四月一二日）　第四二〇八号　二枚目パート一

「渋沢男爵の訪中の目的」

日本の実業家である渋沢男爵はすでに日本を発ち中国に向かっている。情報によると、渋沢男爵の今回の訪中は、日中の各実業家と連絡をとって日華実業会の創設を呼びかけ、また両国の経済的な同盟を主張する目的のようである。一週間後には北京に到着する予定で、我が国農商部が現在歓迎の準備を行っている。

一九一四年五月九日（四月一五日）　第四二一一号　一枚目パート六

地元ニュース「日本人の接待の指令」

天津商務総会は昨日、農商部より、「日本の実業家渋沢男爵がすでに今月一日に神戸を船で発って中国を訪れ、観光、実業の視察を行うため、天津到着時には国交促進のため出迎えを行うように」との命令を受け取った。

一九一四年五月一七日（四月二三日）　第四二一九号　一枚目パート四

電報　漢口電

渋沢男爵の今回の中国訪問には一一名が同行しており、本日既に漢口に到着し、漢陽の製鉄所を参観した。明日は武昌に赴いて段（芝貴）都督（軍政担当官）を訪問する。段都督は午餐会を開いて歓迎の予定。また夜には漢口商会も宴を設けて歓迎の予定である。訪中団は一八日午前、汽車に乗って北京に向かう予定であるため、鉄道当局は特別列車を準備して特別な待遇でもてなすこととなる。

一九一四年五月三〇日（五月六日）　第四二三二号　一枚目パート六

地元ニュース「訪中団天津に到着」

日本の大実業家の渋沢栄一男爵が中国を観光、視察に訪れているが、一行はすでに天津に到着した。天津商務総会は、朱経田都督、呉子明内務司長、汪向叔財政司長、梁式重実業司長、汪麟閣交渉員、張紹山都督副官、劉琴舫渤海観察使、陸秀山参謀長、楊敬林警察庁長、徐指昇天津税関監督、王芷黻天津県知事に対し、一昨日午後、商会に出向いて歓迎するよう書簡で通知した。しかし、日本の渋沢栄一男爵等は事情により商会を訪れることはなく、丁重に辞退したとのことである。実業家一行は天津には短期間滞在するのみで、津浦鉄道で孔子廟に参るため山東省へ向かい、泰山に登って、そのまま帰国する。

一九一四年五月三一日（五月七日）　第四二三三号　一枚目パート六

地元ニュース「実業団出発」

日本の実業家、渋沢栄一男爵等は、すでに昨日六時に紫竹林埠頭から客船「西江」に乗って大連に向けて出発した。用件が済めば本国に帰国する。出発時には、楊敬林警察庁長が部下を伴い、楽隊等を派遣して埠頭に集まり、歓送の儀を行った。

二　成都『国民公報』

一九一四年六月一三日（五月二〇日）　土曜日　二頁目

「渋沢氏が明陵を訪れる」

日本の渋沢男爵は中国を訪問し、五月二五日には南口に赴き明陵を訪れた。外交部は国交を睦まじくすることを考慮して、外交部の呂烈煌主事を案内のため派遣し、これまでの事例通りに旅費を支給した。

三　開封『河南日報』

一九一四年五月一〇日（四月一六日）　日曜日　一枚目

「渋沢氏北京へ」

日本の渋沢栄一男爵は五月一日、日本の神戸を発って中国を訪問し、すでに上海に到着した。一行はあわせて一二名である。現在、長江一帯の名勝古跡を訪れており、今月一八日には漢口から京漢鉄道の列車に乗って北京に入り、総統に謁見する予定である。逗留は一週間の予定で、二四日には北京を発ち、津浦鉄道で泰山を訪れるとともに、曲阜で孔子廟に参拝する。昨日、交通部、路政部はすでに各路局に対し、渋沢氏訪問の際には適切にお世話をするよう電報で伝達した。

一九一四年六月三日（五月一〇日）　水曜日　一枚目

渋沢男爵は、昨日天津から汽船に乗ってすでに帰国し、泰山を遊覧しないことになった。先日、熊希齢、梁啓超、汪大燮が主催した宴会において、渋沢氏の演説は大変長かったそうだ。彼は小村春太郎の言葉を引用して次のような発言をした。つまり、はじめて中国にきた人は、最初北京に数日滞在した後、すでに中国の情勢が分かったという。しかし、数ヶ月経ったら茫然としはじめ、さらに一、二年経過したら、中国の情勢はまったく分からなくなるという。渋沢のこの発言にはなにか意味合いを含んでいると思われた。楊士琦が中日実業会社の名義で渋沢を宴会に招待したとき、楊の挨拶が終わった後、渋沢は大変長い演説で答えた。講話の中には、勉励、着実、推進の言葉が多く、韓愈の文章「業精於勤、荒於嬉」〔学業は勤めることによってくわしくなり、遊ぶことによって荒んでしまう〕も引用されたという。

四　上海『申報』

一九一四年五月六日（四月一二日）　二頁目
特約ロイター電　東京電

渋沢男爵はすでに七〇歳を過ぎた日本の実業界の指導者である。現在中国に向かっているが、男爵の今回の訪中については非常に多くの推測が行われ、日本が権益譲渡を求めている、とか中国における事業を開拓する、とかいったことが言われている。実際には、今回の訪問は最初の訪問でもあり、見聞を広めることが中心であるらしい。男爵は「私の訪中は、かねてからの願いであり、幼いころに中国の経書を読んだ時からここにあこがれてきた。また、私は孔子を尊敬しており、長い間この中国の先人の墓に参りたいと願ってきた。ところが、外界は私の今回の訪中を誤解して、権益を求めようとしているなどと言っている。さらには、揚子江のイギリスの利益を妨げる云々という向きもあるが、実はまったく影響はない。私は何かを求めているわけではなく、今回の訪中の主な目的は観光である。私は中国の文学を研究しており、長い間それを非常に大切に思ってきた。私は実業家であるから、おのずと中国の経済状況を調査するし、中国の指導者、実業家と話もする。さらに私は中日実業会社の発起人の一人として、中国の実業の現状も知りたいと強く願っている。とにかく、今回の訪中には本当に政治的な使命はない」と述べている。

一九一四年五月七日（四月一三日）　一〇頁目
「日本人が渋沢男爵を歓迎して宴席を設ける」

日本の渋沢栄一男爵が一〇名あまりを従え、日本から船で北京などの訪問に旅立った。昨日〈今月六日〉、上海に到着し、暫時、虹口の日本旅館を宿とした。当地の日本の副領事兼総領事官の村上が通訳者の西田や上海にいる日本の大商人等とともに、文路〔地名〕二〇号に新しくできた日本人倶楽部を借りて宴を催して歓迎し、上海鎮守司の鄭汝成、巡警〔巡回して警備する警察官〕督弁〔清朝末期および民国前期において、中央や地方に臨時的に設置された機構の最高長官の役職〕の薩鎮氷、上海県知事の洪伯言、巡警濾南と閘北の両分庁の庁長を務める崔〔鳳舞〕、徐〔国梁〕の両名、上海地方審、地方検両庁の庁長である張、汪〔駉孫〕の両名、および商会の総理である周金箴等が宴に招かれた。招いた側も招かれた側も盃を重ね、楽しいひと時を過ごして散会した。

一九一四年五月九日（四月一五日）二頁目

特電　杭州電

日本の渋沢男爵は昨日杭州に到着し、朱（瑞）都督、省長に会い、そのまま都督府で宴会が開かれた。今回の男爵の来訪は、実業の視察と遊覧のためだということで、政治とは無関係である模様。本日西湖を遊覧した後、すぐに杭州から蘇州に向かう予定である。

一九一四年五月一〇日（四月一六日）七頁目

地方通信　杭州「日本の実業家を歓迎」

日本の渋沢栄一男爵は日本の大実業家である。すでに七〇歳を過ぎているが矍鑠たるもので、杭州の名勝西湖に憧れ、朱舜水の祠に参りたいがため、昨日上海より四番快速列車で杭州を訪れた。駅に到着した際には日本の領事府と交渉公署が接待の全てを取り仕切り、実業司からは曽が代表として派遣され、総商会の副理事の王、絹織物業の各団体が歓迎に赴いた。沿路においては、朱輔基が親切な案内を行った。一行はまず清泰第二旅館で休憩し、着衣を整えた後、朱都督、屈（映光）省長に会いに向かった。その後、日本の領事の付添いの下、湖上を遊覧したが、船が戻った時にはすでに月が東山の頂上に昇っていた。男爵とともに来訪した随行員は渋沢武之助、明石照男等一八名だという。昨日、実業界では上層部が商会に集まり、宴を準備していたが、男爵がすぐに湖の遊覧に出かけたいとの意向であったため、本日一一時に改めて商会で宴が設けられることとなった。

一九一四年五月一二日（四月一八日）　七頁目

地方通信　杭州「杭州商会が日本の実業家を歓迎」

北京農商部次長御中

東京からの電報を受領。日本の渋沢男爵が五月七日に杭州に到着する。随行者は一〇名あまりで、実業界全体で駅に出迎える。五月八日には商会にて宴を設け、専用車で送る。慎みて尊聴に達す。

杭州総商会　一一日

一九一四年五月一四日（四月二〇日）　二頁目

特電　南京電

日本の実業家渋沢男爵が南京を訪れる。韓（国鈞）省長が各県に対してその保護を通達した。

一九一四年五月一九日（四月二五日）　二頁目

日本の渋沢男爵が馬越恭平、白岩龍平等を伴って南京を訪れた。都督、省長が宴を設け、昨日は日本人会も歓迎会を行った。

一九一四年五月一九日（四月二五日）　六頁目

「外交の感情を通じ合う」

漢口の日本総領事は昨日、九江の日本領事から連絡を受けた。それによると、渋沢男爵は某日の朝、九江に赴いて一日逗留し、船で大冶石灰窑に向かい、そこで上陸して大冶鉄山へ足を運んで鉱産の視察を行う。そこから漢口へ向かい、翌日には漢口へと到着する予定である。これを受けて漢口の日本領事はすでに歓迎の準備を行っており、別に江漢関の丁都督、夏口県の王（縉）知事、租界会審委員の侯局長、商務総会の理事、副理事を歓迎会に招いている。商会の総理等は今回の渋沢氏の訪中、遊覧が実質的には外交感情を通じ合い、鉄道、鉱山各種実業を調査するものであるものと見ており、一六日には場所を借りて歓迎会を開いて交流を図る予定である。

一九一四年五月二〇日（四月二六日）　二頁目

特電　北京電

渋沢男爵は本日午後、京漢鉄道の列車で北京に到着し、二一日午後四時には袁世凱に謁見する。日本銀行の代表が特別に宴を予定している。中国各地の上層部が渋沢男爵に様々な紹介を行う。

特約ロイター　北京電

渋沢男爵は本日午後この地に到着し、今後一週間滞在する予定であり、木曜日には袁世凱総統に謁見する。

訳電　北京電

楊士琦が本日、中国政府を代表して渋沢男爵を歓迎する。

一九一四年五月二一日（四月二七日）二頁目

特約ロイター　北京電

北京では日中が宴を設けてジェラム海軍大将[1]と渋沢男爵を歓待し、丁寧にもてなした。

訳電　北京電

渋沢男爵は本日、外交総長孫宝琦と会見し、明日は袁世凱総統に謁見する。また、明日正午には早稲田大学卒業生が企画した宴会に出席する。男爵は二七日まで北京に滞在する予定で、その後奉天に向かい、帰国する。

一九一四年五月二二日（四月二八日）六頁目

「日本の男爵の武漢における遊覧の詳細」

日本の渋沢男爵は武漢に到着した後、漢陽の製鉄所を視察し、製鉄所で昼食をとった。漢陽を後にして漢口に戻った後、市内を周遊し、市況を視察した。夜七時、日本クラブで宴会が行われ、日本領事が漢口総商会の理事、副理事等を招いた。宴会での演説は、日中の商務の交流に大きく重点が置かれたものであった。一行は一六日午前には長江をわたって省に赴き、都督府での宴に参加した。日本の高橋（新治）総領事および第三艦隊長土田司令官いずれも出席した。段都督のもてなしは極めて盛大なもので、軍警や楽隊も派遣されて河岸で歓迎した。呂（調元）省長ならびに各機関の長官もまた出そろって陪席し、交流を深め、楽しく語らった。宴会の終了後、段都督が宋玉峰参謀長、胡朝宗交渉員を、また呂省長が陳希賢実業司長を派遣して一行を案内し、紡績、織布の二局を参観し、模範的大工場、勧業場といった各所を回り、さらに黄鶴楼等の名勝を訪れた。午後四時に官銭局[2]のティーパーティーで一服した後、一行はまた役所に向かって省長に会った。こうして夕方に再び漢口に渡った。夜は再び総商会の歓迎会が開かれ、日本の大実業家も商会の招待により列席し、日中の名士があわせて一〇〇人あまりも顔をそろえた。夏口県知事等も歓迎会に出席し、会は大変な盛会となった。一七日、男爵はすでに武漢の実業局、工場の視察を終えていたため、漢口では専ら日本人が営む商業の視察に赴き、東亜製粉会社作山工場といった場所を歩いた。夜は日本人の商業関係者が倶楽部で日本人居留民による全体歓迎会を開き、中国の官営商業の関係者が列席した。翌朝〈一八日〉、男爵は快速列車で北へ向かい、日中の官営商業の関係者がいずれも駅でこれを見送った。

一九一四年五月二三日（四月二九日）　二頁目

特電　北京電

日本の渋沢男爵は日本人居留会で演説し、今後、日中は共同で実業を行い、同等に利益を分け合い、お互いに利益が得られるようにするべきだと語った。そして、日本人居留会の会員などが演説の中で使った「利権獲得」といった言葉には中国を侮辱する意味が含まれてしまうとして力強く反駁した。

一九一四年五月二四日（四月三〇日）　二頁目

訳電　北京電

この間、日本に対する感情はこの数日で大きく変化したが、これも渋沢男爵の力ゆえだ。漢冶萍公司[3]の事務を調査した委員会がすでに日本からの当該公司への融資を許可し、日本側がそれほど重要ではない条件を少々変更すればすぐに融資が実行されることとなった。これも渋沢男爵と湯化龍会長[4]が会談を行った効果であろう。中国政府が揚子江の譲渡権を日本に与えるものと予測される。

一九一四年五月二五日（五月一日）　二頁目

特電　北京電

昨日、熊、汪、梁の三氏が日本人の渋沢氏等を宴に招いた。渋沢氏は演説の中で、「日本の中国に対する外交は外務省、陸海軍および浪人の三者のために誤った方向に導かれている。彼らはろくに知りもせずに事に当たっていて、我々中日実業会社はこれに非常に心を痛めている」とし、「実業の外交が出現することを希望する。すなわち両国の資本を連結させ、純粋に公平に事を行うのである」とした。その言葉は非常に誠実なものである。渋沢氏の今回の訪中はすでに成立した中国興業公司のためであって、焦って利権を求めようとすることは実に間違ったことだとの考えである。日本人の中にも己を正すを先と為すの典型的な人物がいる。

一九一四年五月二六日（五月二日）二頁目

訳電　北京電

ドイツ語新聞の記者が本日〈二四日〉、渋沢男爵に会ったが、男爵は「日中両国の関係は密接であり、そのために両国の国民は、提携して事に当たることを目的として中国興業公司を起こした」と語った。渋沢男爵も発起人の一人であるが、中国側のトップは楊士琦、日本側のトップは倉知であって、男爵は取締役会の一員ではない。ただ、公司の利益の増進を図るために力を尽くしたいと願っているにすぎない。この公司は現在、すでに資本金の四分の一が出資されている。投資総額は銀五〇〇万両で、日中双方がそれぞれ半分の出資について合意している。この公司の目的は、最近日本とドイツ両国が締結した中国における実業、文化事業の相互保護の条約に定められた各節の範囲を出るものではなく、政治的な意味はまったくない。他国の同様の利益を損ね、妨げようとするものではない。たとえば、ドイツが山東省で、イギリスが揚子江流域で経営するさまざまな事業を損ね、妨げようとするものではない。イギリスについて言えば、関係のある各方面の揚子江における競争の利益を完全に拒むことにしたくないだろう。それがゆえに、渋沢男爵は上海を経由した際、ある新聞の代表に対して、各国は揚子江流域で協力して事を行うべきだという話をした。中国は広大な領土を持つのだから、その土地を提供し、イギリスはその富で世界を凌駕しているのだから、資本を提供する。日本人は人材がたくさんいるから、専門家を出す、と。中国興業公司はもともと孫逸仙が組織した公司で、漢冶萍公司、輪船招商局とは全く無関係であり、漢冶萍の交渉の詳細について渋沢男爵は全く何も知らない。渋沢男爵は北京から青島へ観光に行く予定で、そこで視野を広めることとなる。渋沢男爵はとりわけドイツ人のかの地における経営能力を評価している。

一九一四年五月二七日（五月三日）　三頁目
重要ニュース「渋沢男爵の北京到着後のある談話」
【北京の日本人居留民による歓迎】

先日夜〈二〇日〉、北京在住日本人が三条胡同〔地名〕の大和クラブに席を設け、渋沢男爵とその一行を歓迎した。歓迎会にはあわせて一〇〇名あまりが参加した。三回祝杯をあげた後、発起人が歓迎のあいさつをし、続いて男爵がお礼のあいさつをした。男爵はまず中日実業会社の進歩発達の経緯について話をされ、最後に、経済と道徳は決して矛盾するものではないとの考えをねんごろに述べ、さらに、「利権の獲得」、「平和の商戦」等の言葉について一つずつ説明された。その概要はおよそ次のようなものであった。経済の道は利己であるとともに利他でなければならず、仁愛を体とし、断じて戦争により勝敗を争い、争いにより奪い合いをするものであってはならない。たとえば、ある生産者がいた場合、彼が製造した物は消費者に益をもたらし、経済的なつながりがここに成り立つが、これは利己であるとともに利他でもある。おのれも利益を得、他者もまた利益を受けることができる。この場合、互いの利益は矛盾するものではない。決して戦争が他を損ねておのれを利するようなものではない。私は常にこうした気持ちで事に当たっている。今回、中日実業会社を組織したのも、この意を発揮するためであって、我が同胞で日中の事務に努める者は、どの業界にあっても、何事に対しても、必ず博愛仁恕をその基準とし、両国の福祉を図らねばならない。そうすれば、互いを別のものと感じることはないはずだ。

【先哲祠の内での演説】

日本の大実業家渋沢男爵の今回の訪中を受け、北京の早稲田大学同窓会は昨日正午、順治門外の京畿先哲祠〔畿輔先哲祠〕の内で歓迎大会を開いた。昨日正午の列席者は日中両国で計五〇人あまりであり、大変な盛会であったという。宴席では政事堂参議の林長民が同窓会員を代表してあいさつを行い、「我が国の北京在住早稲田同窓会は今日ここに本校と関係の最も深い渋沢男爵を歓迎できることを大変な幸せに思う。現在、日中両国の関係を見るに、まずは実業の面で関係を作ることが一番の急務である。我々同窓会の会員は現在、日本の有力な実業家である渋沢男爵が今後、日中の実業の関係作りに尽力することで、両国の親交を促進してくださることを切に願っている」などと述べた。続いて男爵が答礼に立ち、「本日、私のためにこのように盛大な歓迎の会を開いてくださったことに、心から感謝したい。今日この会に出席して、日本語で演説ができることは、訪中以来なかった喜びである。現在の日中の関係は、先ほど林氏が述べられたように、まず実業の面でつながりを作るというのが名論である。幸いにも、私は実業の面での経験が皆さんより少しばかり長いため、今後は必ずその経営に力を尽くし、私が最も愛する中国のために力を出して、皆様の熱い思いに応えたい」などと述べた。賓客も主人も午後三時まで宴を楽しみ、記念撮影をして散会した。

一九一四年五月三〇日（五月六日）六頁目
「渋沢氏の演説に見える対中姿勢」

日本の渋沢氏の訪中の主な目的は実業にある。実業の推進を望むのであれば、まず障害を取り除く必要がある。今月二〇日、渋沢氏が大和クラブで行った答礼の言葉にすでに渋沢氏の考えの概要がうかがわれたが、渋沢氏は日本の居留民会の歓迎に対する答礼で、中国に対する姿勢についてさらに詳しく語っている。そこでここに記載して、国人にこれを知ってもらいたい。

日中関係は今後ますます親善へと向かわねばならないが、新聞の議論はややもすれば正鵠を得ていない。日中両国は同文同種で、地理的にも最も近い。我が国は中国を援助し、その独特の発展を支援し、希望している。亀井君の所謂「権力の獲得」やら「平和の戦争」といった言い方は非常に穏当でない。事業上の、または国際上の関係はみな、相対的なもの、または相互のものである。所謂「権利の獲得」は、一方が極端な利益を得、一方が極端に不利益を被る。実業家はもともと相互に共通の利益を目指すのであって、決して戦争をするのではない。国際的にも、平和な戦争というものはなく、戦争と言えばどちらかが勝ってどちらかが負ける。勝負があれば、悲喜がある。実業の面でこうした言葉を使うのは私の願うところではない。また、人が何らかの権利を獲得したからと言って、私もそれにならって何らかの権利を得ようとする、そんな理由のない行動は、我が国では取らないし、単に自己の利益を目的として中国での事業を発展させることなど私は賛同できない。私の考えている対中実業政策は、中国に利益をもたらすと同時に、日本にも利益をもたらし、同時に世界にも利益をもたらすことを目指すものである。中日実業会社はこの意味において設けられ、これを促進する機関である。日中両国の実業家が協力してもその目的を達成することができなければ、進んで列国実業家の協力などを求めなければならない。今日の情勢において、自国の利益のみを目的として中国の豊かな資源を開発しようとすることは不可能である。日本の政界、言論界およびその他の全てのその国際的な活動を一つにまとめず、外務が外務のみ、陸軍が陸軍のみ、言論が言論のみ、実業が実業のみで、互いに謀らずに競争の場に立つなどということは、非常に不適切なことである。今回の訪中では幸いにも様々な実情を知ることができ、その上、実業会社の主旨やその組織活動について中国の官民に知ってもらうことができ、これまでの様々な誤解を一掃することができた。私は七五歳ではあるが、まだまだ中国の実業の発展に力を尽くしたいと思っている。私はそのように考えており、その点を皆さんに知っていただき、今後は対中政策が列国に劣るなどとは二度と口にせずして、今お話ししたようなことに努めていただきたいだけである。

一九一四年五月三一日（五月七日）　六頁目

重要ニュース「渋沢男爵の行動」

日本の実業界の重鎮である渋沢男爵が北京に到着して以来、北京に暮らす日本人官僚や名士たちが盛んに出迎え、招待の宴を催したが、渋沢男爵はその他に袁世凱総統に謁見し、厚い礼を受けた。また中国の官界、実業界からも歓待を受けた。なお、彼の様々な言動は経済の面でもろもろの卓見を伝え、力をこめて日中間の国交を支えようとするものであった。聞くところによると、渋沢男爵は人々と会って話し合う合間に、一昨日には十三陵、八達嶺等を訪れ、遺跡を巡り、名勝を探訪し、景物を十分堪能して昨日北京に戻ったという。さらに、今朝〈二七日〉八時半の京奉鉄道の特別列車で天津に向かった。外交部が呂烈煌を派遣し、交通部も人を見送りに派遣して、礼を尽くした。本日正午には、天津駐在の総領事が歓迎の宴会を開き、夕方には天津の日本人居留民が歓迎会を開く。翌日にも、直属の督署と商務総会等がそれぞれに宴会を開いて歓迎し、互いの交流を深める。その後一行は列車で曲阜に向かい、聖廟に参り、泰山に登って、平素の敬愛の気持ちを表し、中華歴遊の宿願を果たす。それから再び天津に戻り、列車で東北三省の各所をめぐり、帰り支度を整える。

一九一四年六月四日（五月一一日）　三頁目

「渋沢氏が体調を崩して帰国」

渋沢男爵は北京を離れて天津に向かい、曲阜に赴いて孔子廟に詣で、歴年の敬愛の気持ちを果たす予定であったが、天津滞在中に体調不良を訴え、予定の遠出を取りやめ、昨日乗船して天津から日本へ向けて出発した。ただ、男爵の病状は軽微なものであり、善良な人には天も味方するものであるから、すぐによくなられるに違いない。

五　上海『時報』

一九一四年五月六日（四月一二日）二頁目

特約ロイター電

渋沢男爵はすでに七〇歳を超えた、日本の実業界の重鎮である。現在訪中中であるが、外部では男爵の今回の訪中について様々な憶測を行っている。日本のために権益譲渡を求めるためだとか、中国における事業を開拓するためだとかいう向きもあるが、ただ見聞を広めるための訪中だという。そもそも今回の訪中は初めてといってもいい訪中である。日本電報通信社の代表が男爵に拝謁したところ、男爵は彼に対して間もなく中国に出発することを告げ、さらに「私の訪中は、かねてからの願いであり、幼いころに中国の経書を読んだ時からここにあこがれてきた。また、私は孔子を尊敬しており、長い間この中国の先人の墓に参りたいと願ってきた。ところが、外界は私の今回の訪中を誤解して、権益を求めようとしているなどと言っている。さらには、揚子江のイギリスの利益を妨げる云々という向きもあるが、実はまったく影響はない。私は何かを求めているわけではなく、今回の訪中の主な目的は観光である。私は中国の文学を研究しており、長い間それを非常に大切に思ってきた。私は実業家であるから、おのずと中国の経済状況を調査するし、中国の指導者、実業家と話もする。さらに私は中日実業会社の発起人の一人として、中国の実業の現状も知りたいと強く願っている。とにかく、今回の訪中には本当に政治的な使命はない」と語ったという〈二日東京特電〉。

一九一四年五月七日（四月一三日）　七頁目

「日本の男爵が上海到着」

日本の渋沢栄一男爵が随行者を伴い、日本から船で中国に向かい、昨日上海に到着して、虹口の日本旅館に落ち着いた。

午後三時、渋沢男爵は車で斜橋にある江蘇交渉公署および鎮守使署を訪問した。

夕方、日本の上海駐在総領事等が文路二〇号の日本人倶楽部にて歓迎の宴会を開き、中国の官界、実業界からも人を招いた。男爵は明朝には杭州に向かって西湖の名勝に遊び、さらに蘇州に向かうという。

中国訪問への船中にて（渋沢史料館所蔵）

一九一四年五月八日（四月一四日）　七頁目

「日本の男爵訪中遊歴の続報」

日本の渋沢栄一男爵は一昨日〈六日〉、総商会の周金箴、朱葆三等とともに、地洋丸に乗って上海に到着した。上海の官界、実業界の人々が一昨日夜、虹口文路の日本人倶楽部で宴席を設け渋沢男爵を歓迎した。上海の官僚や名士、随伴の唐紹儀、伍廷芳、観察使代理の虞、洪伯言知事、総商会総理の周、朱両氏、貝潤生、沈仲礼等二十数名、日本の官僚、実業家が四〇名あまり出席した。渋沢男爵も演説をされ、その演説の後には、観察使代理の虞、貝潤生が次々と立って演説し、心からの歓迎の気持ちを表した。宴は一一時まで続いた。渋沢男爵は昨日朝八時に杭州へ向かったが、明日には上海に戻り、一〇日夜には観察使署が歓迎の宴を設ける予定である。

一九一四年五月九日（四月一五日）　七頁目

「実業界が日本の男爵を歓迎の予定」

上海総商会と漢冶萍公司、〔中日実業会社〕等は、日本の実業界の先達である渋沢栄一男爵が今回中国を訪問し中国の実業を視察することは、日中両国の実業の将来にとって希望をもたらす非常に大きな出来事であるとして、九日〈本日〉午後、愛而近通り［Elgin Road］にある紗業公所で歓迎の会を開き、ある演劇団の俳優全員による演劇を媒介して心からの歓迎の意を表すという。

一九一四年五月一〇日（四月一六日） 七頁目

「渋沢男爵歓迎の詳細」

【実業家の公の宴】

日本の実業家渋沢栄一男爵は一昨日、上海から杭州へ向かい、杭州から蘇州をめぐって、昨日午後二時すぎ、上海へ戻った。上海総商会、漢冶萍公司、中日実業会社〈昨日は誤って「開明公司」と報道した〉が紗業公所にて歓迎の会を開いた。昨日、日本側からは、渋沢栄一男爵、随行の渋沢武之助、明石照男、秘書の増田明六、大沢正道、医師の堀井宗一、野口米次郎、堀江伝三郎、同行者の大日本麦酒株式会社社長の馬越恭平、同社員〈馬越の随行〉仲田慶三郎、東洋生命保険株式会社社長の尾高次郎、同社員〈尾高の随行〉辻友親が出席した。また日本側上海在住者の中から、日本の総領事村上義温、副領事金万喜人および西田畊一、陸軍少佐斎藤恒、郵船公司の石井徹、三井洋行の小田柿捨次郎、正金銀行の児玉謙次、三菱会社の斎藤延、日清会社の白岩龍平、角田隆郎、木幡恭三、〈大倉洋行〉[4]の河野久太郎、台湾銀行の草刈融、日信洋行の馬場義興、高田商会の志保井雷吉、大秦洋行の秦太三郎、半田棉行の副島綱雄、満鉄の村井啓次郎、税関の岸本広吉、麦酒会社の吉田勝次郎、日本人記者の佐原篤介、井手友喜、漢冶萍公司の池田茂幸、興信所の中島忠次郎も会に出席した。中国側からは、伍秩庸、唐少川、薩鼎銘[6]、鄭汝成、洪伯言、関炯之、王崧生、聶榕卿、孫羹梅、朱伯良、虞和甫〈楊観察使の代理〉、厳漁三、鐘紫垣、袁静生、周翊生、陶蘭泉等五〇名あまりが出席した。主催者側は周金箴、印錫璋、盛杏蓀、朱葆三、孫多森、王一亭、貝潤生、陳順夫、王子展、沈仲礼、祝蘭舫、宋漢章、田資民、蘇筠尚、顧馨一等で、一三六名が出席した。渋沢男爵は書に長けているため、王一亭が先ず紗業公所の奥の間で書画の会を催した。渋沢男爵は白絹と宣紙に何枚か書をしたためて記念とした。王等も書をしたため、互いにこれを贈り合った。奥の間の四方の壁には特別に有名な書画が飾られていたが、たとえば、丁一紳の人物画、董其昌の行書、元代の楊鉄崖の『西爽軒紀』、高其佩の指頭画の人物画、張瑞図の行書、厲駭谷の草書、張叔未の模倣した米南宮の「龍虎」二字、黄恭懋の山水画であった。歓迎会では周が立って歓迎の意を表し、日中両国の実業の進歩を祝った。渋沢男爵もまた立ち上がって演説をし、日中両国の実業の関係について話をした。宴席は大広間に設けられたが、北側に向かって凹字型に舞台が設けられ、舞台俳優によって演劇が披露された。きらびやかな明かりに鼓、楽器のにぎやかさが加わり、宴は盛会であった。

【交渉員公署の招待】

本日〈一〇日〉、〔楊〔晟〕交渉使の代理〕[7]、鄭鎮守使、警察官の薩督弁が、静安寺路〔地名〕の交渉員公署〈もと洋務局〉で宴を設け、渋沢栄一男爵と日本の総領事村上義温を宴に招き、随行員ならびに在上海の官界、実業界の名士が宴に出席した。

一九一四年五月一一日（四月一七日）　七頁目

「渋沢男爵上海訪問記」

【政界の公の宴】

昨日〈一〇日〉夜、楊交渉使の代理虞和甫、鎮守使の鄭汝成、警察督弁の薩鼎銘が交渉公署で宴を開いたが、日本側からは、渋沢栄一男爵と日本の総領事、随行員など二〇名あまりが出席した。中国側からは、唐少川、伍秩庸、温欽甫、虞洽卿、総商会の理事、副理事の周、朱、貝の三氏、南商会の理事、副理事の蘇、顧の両氏、海軍総指令の李承梅、税関監督の施理卿、裁判・検察両庁の張、汪の両氏、上海知事の洪伯言、英仏両公廨の関、聶の両氏、交渉公署職員の卓璧如、何士果、泰谷臣、呉少華、鄭絳生、梁敬身、陳鎮東、および日本語通訳の馬卓英と英語通訳の張少堂の諸氏が出席し、中外であわせて一〇〇人あまりが列席した。宴席では主賓がそれぞれに立って演説を行い、非常に親密な感情の溢れる宴となった。

【保護の令】

警察濾南分庁の崔庁長は各署長に対し次の通り伝えた。江蘇都督府から、蘇州交渉員を通して伝えられたところによると、当年四月三〇日に外交部の二九日付けの電報においては、日本の実業家渋沢栄一男爵が五月一日、神戸を発って訪中遊歴に向かったため、到着時にはとりわけ丁寧に世話すべきことが伝えられた。したがって蘇州軍警各界、呉県の知事に対してそれぞれに渋沢男爵到着時にはこれを保護し、お世話をすることを伝えるとともに、各部門がともに保護・世話するよう合わせて通知する。なお、個別の伝達事項のほかに、署長にも通知について確認されたい。

一九一四年五月一四日（四月二〇日）　五頁目

「日本の渋沢男爵の蘇州訪問記」

日本の渋沢栄一男爵は実業家である。今回中国を訪問して視察を行い、また各地を遊歴している。外交部から、蘇州交渉使を通して蘇州商会に対し、男爵が蘇州に到着した際には全面的に優待すべきことが伝えられた。渋沢男爵は昨日午前、蘇州に到着し、日本の池永領事ならびに蘇州の殷（鴻寿）鎮守使、商会の理事、副理事等が閶門外の留園で宴会を開いてこれを歓待した。宴の後には、パナマ太平洋国際博覧会に出品する予定の呉県の展示品を参観した。すでに夕日も西に沈み、賓客も主催者も喜びを尽くして散会した。翌日、再び税務司交渉員が男爵を寒山寺一帯の観光に案内した。その後、陸軍第二朱（熙）師長、水警第二庁趙庁長、蘇州警庁孫（筠）庁長、呉県の楊（勉斉）知事と名士、実業家等が留園で男爵を歓待し、歓迎の言葉を述べ、午後一時に男爵を駅まで見送った。男爵はなお、白下に滞在し、秦淮の風景を十分に楽しんだとのことである。

一九一四年五月二〇日（四月二六日）　二頁目

特電

渋沢男爵は今晩〈一九日〉、北京に到着し、二一日には袁世凱総統に謁見する予定である。さらに、二五日には天津に向かう。連日、政府および日中の人士による歓迎の宴が予定されている〈一九日午後戌刻〔午後七時から九時までの間〕北京特電〉。

一九一四年五月二〇日（四月二六日）　二頁目

ロイター特約電文

渋沢男爵は本日午後当地に到着し、一週間滞在の予定である。木曜日には袁世凱総統に謁見する〈一九日北京特電〉。

一九一四年五月二一日（四月二七日）　二頁目

訳電

渋沢男爵には本日、外務総長孫宝琦が接見し、明日には袁世凱総統が接見する。明日午後は、東京の早稲田の留学生が歓迎の午後の宴を設ける。この他、招待、参観の計画は極めて多い。男爵は二七日に北京から奉天に向かい、奉天から日本に帰国する〈北京二〇日ドイツ語電報〉。

一九一四年五月二一日（四月二七日）　四頁目

「**湖北省・長江近況記**」

【渋沢男爵漢口に到着】

日本の渋沢男爵は今回、自ら商務の調査と称し、中国の南北各地を漫遊する。随行員あわせて一〇名あまりとともに、一五日に大貞丸に乗り漢口に到着し、日本領事に出迎えられた。まだかなり早い時間であったが、男爵は時を惜しんでただちに漢陽の製鉄所を視察に訪れ、昼食後にようやくそこを後にした。沿路市中をながめ、随時筆記をしていた。七時には日本領事館での宴に出席したが、宴には日本の有名な人士のほか、中国人商人や各実業家計六〇名あまりが出席し、大変な盛会であった。渋沢男爵は一六日午前には都督府に赴き、正午は都督府で午餐会がある。午後には武昌市内を視察し、午後三時か四時には官銭局で茶会が開かれる。さらに午後七時には漢口商務総会が歓迎会を開く。準備はすでに整っており、鎮守使の杜（錫鈞）、江漢税関の丁、夏口県の王、員警庁の周、さらに各評議員がみな宴に席を列ねる。

一九一四年五月二二日（四月二八日）　四頁目

「日本男爵の武漢遊歴を歓迎」

【倶楽部での演説】

日本人の大実業家渋沢男爵が一五日漢口に到着し、漢口を遊歴した。日本の高橋領事が日中の官僚、実業家を集め、日本倶楽部で歓迎の会を開いた。そこで、その様子について以下に補記する。

この日、会場は極めて厳粛な様子で、日本の領事が男爵訪中の主旨を説明するとともに、漢口在住の日本人を代表して歓迎の意を述べた。漢口商会の呉幹庭総理は、「本日、渋沢男爵が調査のために訪中され、貴国の漢口駐在領事が歓迎の会を開かれ、私も招待されて出席できたことを大変うれしく思う。男爵には、多くの商品が流通し、商務上の交流ができるよう、日中の商務の提唱に力を尽くされるようお願いしたい。男爵のご健康をお祈りしたい」と述べた。また、評議員の蔡輔卿も、「本日は男爵が漢口に到着され、貴国領事が歓迎会を開かれて、私もこの盛大な催しにお招きいただいて非常に光栄だ。我が中国と貴国日本は同洲同種同文であり、互いに自ずと親しい間柄であるべきだ。商務上も、男爵の提唱のおかげで、日中の商務が日増しに発展し、次第に進歩している。これはすべて男爵のおかげである」などと述べた。渋沢氏も立ち上がってこれに応え、「中国を訪れて遊歴し、本日諸君とこうして一堂に会することができ、非常に幸せだ。実は私の訪中は今回で三回目である。上海から漢口まで、沿路、各商業都市を見てきたが、その商務は以前より盛んになっているようだ。また昨日は大冶廠鉱を訪れて、鉱脈を実地に調査してきたが、良質で量も豊富であった、これも実に貴国の特産である。これに大いに改良を加えれば、必ず豊かになり得る。日本の漢口における商務は近年大きく進歩してきたが、諸君の提唱により、これからさらに同洲同種同文の関係を以て、商務の上でも互いに親しむ心を尽くすことができれば、日本と貴国の商務は将来必ず日々進歩し、国交もまた日増しに確固たるものとなるに違いない」と述べた。

【都督府の大宴会】

渋沢氏は一六日午前、都督府での午餐会に出席した。同行者は日本の高橋領事と領事館員、漢口に来ている第三艦隊司令官の土屋少将と渋沢氏の随行員等計二〇人あまりであった。段都督は宋玉峰参謀長を平湖門の岸辺に派遣して一行を出迎えさせ、渋沢氏が都督府に入るとすぐに呂省長および各機関の長官が列席して、手厚いもてなしが行われた。段都督は渋沢氏の博学を非常に尊敬しており、宴席の会話はいずれも両国の感情の交流を図り、両国の実業について交流する内容であった。午後一時宴会が終わると、一行は紡織局の大工場、勧業場に向かい、さらに名勝黄鶴楼等各地を参観して歩き、官銭局での茶会を経て、夕方に長江を渡った。

【総商会での歓迎会】

一六日夜七時、漢口総商会が歓迎会を開き、渋沢男爵以外、日本の諸実業家も列席した。最初に呉総理が歓迎の言葉を述べた。呉総理は、「日本の実業家の第一人者であられる男爵が漢口を訪れたことは漢口にとって非常に名誉なことだ」と述べ、日中両国の実業の交流等について話をした。渋沢氏は答礼に立ち上がって、「私は知識も浅薄なもので、ただ漫遊して見識を広めようとしているだけだ。実業についても諸君の高い見識をうかがいたい」などと述べた。そこで語られたことはいずれも両国の実業界に関係する事柄であった。この歓迎の晩餐の列席者は一〇〇名あまりにのぼり、歓迎会は大変な盛会であった。

【在留邦人による晩餐会】

渋沢氏は一五、一六日の両日、武漢の各局、工場を視察し終わり、一七日には専ら日本人が経営する実業を参観し、東亜製粉会社等の工場を周遊して歩いた。その後、夜七時には、在留日本人の官界、実業界の人士が再びクラブの上のフロアで特別の晩餐会を開いた。列席者は百数十人にのぼった。一八日の辰刻〔午前七時から九時までの間〕、一行は快速列車で北へ向かった。

一九一四年五月二四日（四月三〇日）　二頁目

特電

日本の渋沢男爵は袁世凱総統に謁見した後、「私は日本にいる時、袁氏のことを武人的政治家だと思っていたが、今ようやく、極めて細やかな財政家であることを知った」と語った〈二三日北京亥刻〔午後九時から一一時までの間〕特電〉。

一九一四年五月二五日（五月一日）　三頁目

「日本渋沢男爵の北京到着について」

【滞在日程】

日本の実業家渋沢栄一男爵は一九日午後五時一〇分、京漢鉄道で北京に到着し、宿泊先の六国飯店に入った。ここに渋沢氏の北京における滞在日程を記す。

二〇日、午前中に孫外交総長と会い、正午は正金銀行で昼食をとる。午後は徐（世昌）国務卿および章（宗祥）代理農商総長に会う。夕方は日本人居留民の招待会に臨む。二一日は、午前中に各部の総長に会い、正午は早稲田大学校友会の招待に向かう。午後は袁世凱総統に謁見し、夕方は孫外交総長の招待を受ける。二二日は、午前中に頤和園を訪れ、正午には章農商総長の招待を受け、午後は農事試験場を参観する。夕方には徐国務卿の招待を受ける。二三日には、午前中に大総統府、北海、瀛台を参観し、午後には国子監、雍和宮を参観し、夕方には中日実業会社の楊総裁の招待を受ける。二四日は日本の皇太后の葬儀日であるため、人には会わない。二六日、八達嶺および十三陵を訪れ、夜は南口で一泊して翌日に北京に戻る。二七日に北京を出て天津に向かう。

【招待の記録】

渋沢男爵は一九日に北京に到着し、過日、翌日には、午前、午後といずれも中国の官僚を訪問し、互いに交流を深め、それぞれに気持ちを述べ合った。正午には、日本銀行団の代表である小田切万寿之助が裱褙胡同〔地名〕の邸内で男爵および同行の全員を招待し、さらに内務総長の朱啓鈐、外交次長の曹汝霖、司法兼農商部総長の章宗祥、農商次長の周家彦、商工局長の陳介、交通次長兼路政局長の葉恭綽、参事兼鉄路局総務科長の権量、石炭・石油鉱準備室総裁の熊希齢、平政院長の汪大燮、幣製局総裁の梁啓超、税務処督弁兼交通銀行総裁の梁士詒、中国銀行総裁の湯叡、政治会議員の李盛鐸、北京商務総会総理の馮麟霈、副総裁の陶宝楨、中日実業会社専務取締役の孫多森、農商部員の王治昌が列席した。日本側では、山座公使が皇太后の葬儀の関係で宴への招待を辞したほかは、水野勅任参事官、高尾〔亨〕参事官、宝相寺正金分行取締役等がいずれも列席した。威厳に満ちた席で、主賓も賓客も散会するまで楽しく語り合った。この日の夕方には、北京在住の日本人官僚、名士たちが三条胡同の大和クラブで男爵の招待会を行って、大変盛り上がったそうである。

一九一四年五月二九日（五月五日）　五頁目

「山左近事録」

【日本の渋沢男爵が予定通りに到着】

　行政公署は昨日、外交部令を受け取った。日本の渋沢男爵は昨日北京に到着し、二五日午前には南口に赴き、二六日午前中に北京に戻り、さらに二七日午前八時三〇分に天津へ向かい、天津で一日遊覧した後、二九日午前九時三五分に済南に向かい、三〇日午前七時半に曲阜に到着。三一日、六月一日、二日と孔子廟に参り、泰山に登り、その他の聖跡を巡る。三日には済南に戻り、四日に青島に向かう予定である。そのために、適切に迎えるようにとの命令である。すでに公署から交渉員署および曲阜、泰安両県に命令が下されており、到着時の接待の準備がなされる。

六　瀋陽『盛京時報』

一九一四年五月六日（四月一二日）　二二四六号　二頁目

東京特電「渋沢男爵の日程」

　渋沢男爵と同行の馬越恭平等の随行員は満洲の各地に赴いて視察を行うが、その日程は以下の通りとのことである。一〇日に奉天に到着、一二日に大連に到着、一三日に旅順に到着。

一九一四年五月一〇日（四月一六日）　二二五〇号　三頁目

民国重要ニュース「日本の渋沢男爵訪中の目的」

日本の渋沢男爵は子息武之助、増田明六の両氏を伴って五月一日、神戸から地洋丸に乗り、まずは上海を訪れ、続いて漢口に向かい、さらに北京に向かった。その後孔子廟に参って、六月一〇日頃に帰国の予定である。渋沢男爵は訪中の目的について、「私の今回の訪中については、いろいろと憶測されており、中国の利権を獲得するためである等と言われている。これは全く正しくない。経済と道徳は終始一致するものであり、無理やりこれを切り離してはならない。表面的には、算盤をはじくこと〔経済のこと〕だが、その内側には必ず道徳が存在する。私の訪中では、鉄道、港湾、鉱山のさまざまな現状について多少の見聞はあるのだから、日中の人士の前でそれを語り、人にその点が注目されることはあるだろう。しかし、それだからといって、他人を排して自らを利することはない。私はかつて『論語』を好んで読み、常に『己の欲せざるところ人に施すなかれ』という金言を胸に刻んできた。であるから、私が欲するところは、自分を本位とすることではなく、必ず世界に共通する平和と利益を図らねばならないと思っている。そのため、今回の中国旅行も私心の計画など決してないことを断言することができる。私は長く孔子に私淑してきた。今回は必ず自ら孔子廟にお参りをしたい。これが今回の旅行の一大目的である」と述べている。民国農商部は、今回のこの実業家の訪中は、我が国の実業の前途に非常に大きな利益をもたらすものであると考えており、昨日すでに、上海、蘇州、南京、杭州、漢口等の商会に電報を送り、この実業家が到着した際にはとりわけ懇ろに出迎え、友好を深め、日中の商務上の連絡を密にさせるように通達している。

一九一四年五月一二日（四月一八日）　二二五一号　三頁目
民国重要ニュース「渋沢男爵訪中の詳細」

日本の渋沢男爵の訪中についてはしばしば報道がなされているが、その随行員および同行者、ならびにその予定を次に記す。

渋沢男爵の随行員は、渋沢武之助、明石照男、増田明六、大沢正道、堀井宗一、野口米次郎、堀江伝三郎である。

同行者は、大日本麦酒株式会社社長の馬越恭平およびその随行者仲田慶三郎、東洋生命保険株式会社社長の尾高次郎およびその随行者辻友親である。

【渋沢男爵の旅行日程】

五月二日、東京を発ち、同日、地洋丸に乗り込んで神戸港を発つ。六日に上海に到着。七日、上海—杭州の列車に乗って杭州へ赴き、一日逗留。八日に再び上海に戻る。九日に滬寧鉄道の列車に乗って上海を離れ、蘇州に向かい、即日上海に戻る。一〇日、列車で上海を離れ、一一日に南京に到着。一二日に船に乗って長江を行き、一三日には船で九江を観覧。一四日の夜明け、石灰窑に停泊して大冶に遊ぶ。一五日に漢口到着。一六日は一日滞在。一七日午前九時に漢口を出発。一八日午後五時一〇分、列車で北京へ向かう。一九日から二三日まで北京に滞在。二四日午前八時半に北京を離れて天津へ向かう。二五日に天津を発って済南に遊ぶ。二六日、曲阜に向かう。二七日、二八日は孔子廟を参拝し、泰山に登る。二九日に済南に戻る。三〇日、天津に戻り、三一日に山海関へ行き、六月一日に奉天着。その後、大連、旅順、長春、吉林、蘇家屯、本渓湖等を巡って、安東県および朝鮮京城を経て、一七日、日本の下関に戻る。

一九一四年五月二一日(四月二七日)　二二五九号　二頁目

北京特電「渋沢男爵が北京到着」

渋沢男爵はその随行員とともに一九日午後五時、北京に到着し、六国飯店に入った。

一九一四年五月二二日(四月二八日)　二二六〇号　二頁目

北京特電「楊士琦が渋沢男爵を訪問」

中日実業会社顧問の渋沢男爵が逗留していることから、一九日、会社の総裁〈中国側〉楊士琦が渋沢男爵を訪ねて会談を行った。渋沢男爵は「私の今回の訪中の目的は、実業会社の要務を為すことであって、政治的性質はない」と述べ、楊はこれに「私も実業会社のための斡旋に力を尽くす」と答えた。男爵はさらに、「よい季節に中国の観光ができることは大変うれしい」と述べ、中国の儒教は日本を感化して極めて大きな影響を与えている、などと話したという。

一九一四年五月二三日（四月二九日）　二二六一号　二頁目

北京専電「渋沢男爵が袁世凱総統に謁見」

渋沢男爵は、山座駐北京日本公使を伴い、二一日、総統府に赴き、袁世凱総統と会談した。

一九一四年五月三一日（五月七日）　二二六六号　二頁目

東京専電「渋沢男爵の帰国情報」

渋沢男爵は、今月天津を発って満洲に向う。男爵は現在、体調がやや思わしくないため、朝鮮を通らず、大連から船で直接日本へ戻る予定であるという。

山座円次郎（1866～1914）

一九一四年五月三一日（五月七日）　二二六六号　六頁目

東三省ニュース　奉天「渋沢男爵奉天到着が遅れる」

日本の大実業家渋沢栄一男爵の今回の訪中では、本来、月末に奉天に行くことになっていたが、旅程の変更により、六月二日に海路で、大連に赴き、大連から旅順に行って、再び大連に戻って奉天に向かうこととなった。そのため、奉天到着は六月六日になる予定。

一九一四年六月九日（五月一六日）　二二七三号　二頁目

東京特電「渋沢男爵の北京帰着日」

渋沢男爵は現在、別府温泉で静養しており、一六日には東京に戻る。

一九一四年六月一六日（五月二三日）　二二七九号　二頁目

東京特電「渋沢氏東京に戻る」

渋沢男爵は一五日に東京に戻った。

七　上海『時事新報』

一九一四年五月七日（四月一三日）　一枚目　二頁目

日本の渋沢男爵は明日〈七日〉に杭州に到着することになっており、すでに交渉署が接待の準備を行っている。二時に日本の領事が付き添って都督を訪問し、三時には商会に向かい、三時半には西湖を遊覧する。八日に杭州を離れる。

一九一四年五月七日（四月一三日）　三枚目　一頁目

日本の渋沢栄一男爵は随行員一〇名余りを伴って日本から船で北京等の訪問に旅立ち、昨日、すなわち今月六日に上海に到着し、暫時、虹口の日本旅館に落ち着いた。上海の日本副領事兼総領事官の村上が通訳者の西田、さらには上海在住の日本の有名な人士等とともに、文路二〇号に新しくできた日本人倶楽部で宴を催して歓迎し、上海鎮守使〔守護軍の長官〕の鄭、巡警督弁の薩、上海県知事の洪、巡警瀘南と閘北の両分庁の庁長を務める崔、徐の両名、上海地方審、地方検両庁の庁長である張、汪の両名、および商会の総理である周金箴等が宴に招かれた。招いた側も招かれた側も盃を重ね、盛大な歓迎の宴となった。

一九一四年五月八日（四月一四日）　三枚目　一頁目

「日本の男爵歓迎の記事」

日本の渋沢栄一男爵は一昨日〈六日〉、総商会の総理周金箴、副総理朱葆三等とともに、地洋丸に乗って上海に到着した。上海の官界、実業界の人々が一昨日夜、虹口文路の日本人倶楽部で宴席を設け渋沢男爵を歓迎した。上海の官僚や名士、随伴の唐紹儀、伍廷芳、観察使代理の虞、洪伯言知事、総商会の周、朱両氏、貝潤生、沈仲礼等二十余名、日本の官僚、名士が四〇名あまり出席した。渋沢男爵も演説をされ、その演説の後には、観察使代理の虞、貝潤生が次々と立って演説し、心からの歓迎の気持ちを表した。宴は一一時まで続いた。渋沢男爵は昨日朝八時に杭州へ向かい、その後、上海に戻り、さらに北へ向かうという。

一九一四年五月九日（四月一五日）　三枚目　一頁目

「実業界が日本の男爵を歓迎」

上海総商会と漢冶萍公司、〔中日実業会社〕等は、日本の実業界の先達である渋沢栄一男爵が今回中国を訪問し中国の実業を視察することは、日中両国の実業の将来にとって希望をもたらす非常に大きな出来事であるとして、九日〈本日〉午後、愛而近通りの紗業公所で歓迎の会を開き、ある舞台の俳優全員による演劇を披露させることで、心からの歓迎の意を表すという。

一九一四年五月一〇日（四月一六日）　三枚目　一頁目

「渋沢男爵歓迎の詳細」

日本の実業家渋沢栄一男爵は一昨日、上海から杭州へ向かい、杭州から蘇州をめぐって、昨日午後二時二〇分に、上海へ戻った。四時、上海総商会、漢冶萍公司、中日実業会社〈昨日は誤って「開明公司」と報道した〉が紗業公所にて歓迎の会を開いた。昨日、日本側からは、渋沢栄一男爵、随行の渋沢武之助、明石照男、秘書の増田明六、大沢正道、医師の堀井宗一、野口米次郎、堀江伝三郎、同行者の大日本麦酒株式会社社長の馬越恭平、同社員〈馬越の随行〉仲田慶三郎、東洋生命保険株式会社社長の尾高次郎、同社員〈尾高の随行〉辻友親が出席した。また日本側上海在住者の中から、日本の総領事村上義温、副領事金万喜人および西田畊一、陸軍少佐斎藤恒、郵船会社の石井徹、三井洋行の小田柿捨次郎、正金銀行の児玉謙次、三菱会社の斎藤延、日清会社の白岩龍平、角田隆郎、木幡恭三、大倉洋行の河野久太郎、台湾銀行の草刈融、日信洋行の馬場義興、高田商会の志保井雷吉、大秦洋行の秦太三郎、半田棉行の副島綱雄、満鉄の村井啓次郎、税関の岸本広吉、麦酒会社の吉田勝次郎、日本人記者の佐原篤介、井手友喜、漢冶萍公司の池田茂幸、興信所の中島忠次郎も会に出席した。中国側からは、伍秩庸、唐少川、薩鼎銘、鄭汝成、洪伯言、関炯之、王崧生、聶榕卿、孫羹梅、朱伯良、虞和甫（楊観察使の代理）、厳漁三、鐘紫垣、袁静生、周翊生、陶蘭泉等五〇名あまりが出席した。主催者側は周金箴、印錫璋、盛杏蓀、朱葆三、孫多森、王一亭、貝潤生、陳順夫、王子展、沈仲礼、祝蘭舫、宋漢章、田資民、蘇筠尚、顧馨一等で、一三六名が出席した。渋沢男爵は書に長けているため、王一亭が先ず紗業公所の奥の間で書画の会を催した。渋沢男爵は白絹と宣紙に何枚か書をしたためて記念とした。王等も書をしたため、互いにこれを贈り合った。奥の間の四方の壁には特別に有名な書画が飾られていたが、たとえば、丁一紳の人物画、董其昌の行書、元代の楊鉄崖の『西爽軒記』、高其佩の指頭画の人物画、張瑞図の行書、厲駭谷の草書、張叔未が模倣した米南宮の「龍虎」二字、黄恭懋の山水画であった。歓迎会では周が立って歓迎の意を表し、日中両国の実業の進歩を祝った。渋沢男爵もまた立ち上がって演説をし、日中両国の実業の関係について話をした。宴席は大広間に設けられたが、北側に向かって凹字型に舞台が設けられ、舞台俳優によって演劇が披露された。きらびやかな明かりに鼓、楽器のにぎやかさが加わり、宴は盛会であった。

界、実業界の名士が宴に出席した。

「交渉署の招待」

本日〈一〇日〉、〔楊交渉使の代理〕、鄭鎮守使、警察庁の薩督弁が、静安寺路の交渉員公署〈もと洋務局〉で宴を設け、渋沢栄一男爵と日本の総領事村上義温を宴に招き、随行員ならびに在上海の官界、実業界の名士が宴に出席した。

一九一四年五月一〇日（四月一六日）　三枚目　一頁目

「渋沢氏訪中は政治のための訪中にあらず」

日本の渋沢男爵の今回の杭州訪問について、人々はみな、政治と関係があるのではないかと疑っているが、これは外部からの憶測に過ぎない。男爵の訪問は、男爵が平素から西湖の風景にあこがれ、杭州に来て西湖の景色をめでたいとの宿願をかなえるためのものであった。その途上、浙江省の実業を視察したが、訪問は確かに政治とは無関係のものである。

一九一四年五月一一日（四月一七日）　三枚目　一頁目

「渋沢氏が蘇州に到着」

日本の実業家渋沢栄一男爵は昨日午前中、杭州を発ち蘇州を訪れた。蘇州商会はすでに歓迎の準備を整えており、蘇州駐在の池永日本領事が蘇州の殷鎮守使、商会の理事、副理事等とともに、閶門外の留園で宴会を開いてこれを歓待した。続いて呉県のパナマ太平洋国際博覧会への出品予定の分会に赴き陳列品を参観し、さらにお茶とお菓子で招待された。男爵は日本租界の東洋旅館に宿泊したとのことである。

一九一四年五月一三日（四月一九日）二枚目　二頁目

日本の渋沢男爵と大日本麦酒会社の社長である馬越恭平、ならびに銀行頭取〔東洋生命保険株式会社社長〕の尾高次郎と随行員十数名は、午後二時、省公署を訪れて省長に会い、一時間ほど会談した〈南京特電〉。

一九一四年五月一四日（四月二〇日）一枚目　一頁目

日本の渋沢栄一は南京到着。都督、省長が交渉署に宴を設けた。

一九一四年五月二〇日（四月二六日）一枚目　二頁目

特約ロイター電

渋沢男爵は本日午後、当地に到着した。今後一週間ほど滞在の予定で、木曜日には袁世凱総統に謁見する。

一九一四年五月二一日（四月二七日）　一枚目　二頁目

北京専電

日本の渋沢男爵が昨日北京に到着した。男爵は自ら、訪中の目的は専ら遊歴および孔子の教えについての討論だと話している。本日、外交部、農商部の部長を訪問する予定である。

一九一四年五月二二日（四月二八日）　三枚目　一頁目

「日本の男爵の漢口訪問続報」

日本の実業家渋沢男爵が商務の視察のために漢口を訪れたことは昨日すでに報道した。一七日には日本の正副領事および随行員等を伴って、長江を渡り、段都督に謁見した。まず、参謀長の宋玉峰、実業司長の陳希賢が護衛、軍楽の各隊を率いて平湖門に控え、一行の入城を導いた。到着後、宴を開いて一行を歓迎し、続いてさらに交渉員の胡朝宗が同行して漢口の商務総会に赴いて歓迎会に出席した。日中の実業家一〇〇人以上が一堂に会して握手をしあい、それぞれに挨拶を交わした。この他、日本の領事も漢口租界にあるクラブで乾杯の会を行い、漢口商会の総裁である呉が祝いの言葉で、「中国と貴国は同種同文同洲の関係であり、互いに自ずと親しい間柄であるべきだ。商務上も、男爵の提唱のおかげで、日中の商務が日増しに発展し、次第に進歩していくだろう」と述べた。渋沢男爵は立ち上がり、これに応えて、「実は私の訪中はすでに二回もある。上海から漢口まで、沿路、各商業埠頭を見てきたが、その商務は以前より盛んになっているようだ。また石灰窑を通って大冶鉱廠へ、鉱脈を調査に行ったところ、良質で量も豊富であることが分かり、これも実に貴国の特産である。当事者が改良を加えれば、必ず豊かになり得る。日本の漢口における商務は近年大きく進歩してきたと言えるが、これは諸君の提唱によるものである。これからさらに同洲同種同文の関係を以て、商務の上でも互いに親しむ心を尽くすことができれば、日本と貴国の商務は将来必ず日々進歩し、国交もまた日増しに確固たるものとなるに違いない」と述べた。漢口に居留する官民がまたそれぞれに歓迎会を開いたという。男爵は本日午前中に東亜製粉会社に赴いて視察し、正午は同社で昼食をとった。午前中には累苦〈?・〉蒲〈音訳〉での茶会に出て、午後七時には官民の歓迎会に出席した〈なお、昨日のロイター電によると、男爵はすでに北京に到着したという〉。

一九一四年五月二四日（四月三〇日）　一枚目　二頁目

訳電

渋沢男爵が北京に到着後、日中両国間の懸案はすでに極めて大きな変化をみせた。漢冶萍に関する交渉において、調査委員会が日本人の要求を聞き入れ、日本の資金を当該の工場に使うことを許したのだ。ただ、条件が少し変えられたのだが、それはたいして関係のないような変更だった。これは、渋沢男爵が湯化龍と会って協議したことの直接の効果であった。中国政府がさらに長江流域での権益を日本人に与えるという説について、外部ではみな本当のことであると言っている。

一九一四年五月二五日（五月一日）　二枚目　二頁目

「渋沢氏の行先」

日本の渋沢男爵は一九日にすでに北京に到着し、二〇日は午前中、午後といずれも政界の要人を訪ねた。正午には、日本銀行団の代表小田切万寿之助が裱褙胡同の邸内で男爵および同行の全員を招待し、さらに内務総長の朱啓鈐、外交次長の曹汝霖、司法兼農商部総長の章宗祥、農商次長の周家彦、商工局長の陳介、交通次長兼路政局長の葉恭綽、参事兼鉄路局総務科長の権量、石炭・石油鉱準備室総裁の熊希齢、平政院長の汪大燮、幣製局総裁の梁啓超、税務処督弁兼交通銀行総裁の梁士詒、中国銀行総裁の湯叡、政治会議員の李盛鐸、北京商務総会総理の馮麟霈、副総裁の陶宝楨、中日実業会社専務取締役の孫多森、農商部員の王治昌が列席した。日本側では、山座公使が皇太后の葬儀の関係で宴への招待を辞したほかは、水野勅任参事官、高尾参事官、宝相寺正金分行取締役等がいずれも列席した。主賓も賓客も散会するまで楽しく語り合った。この日の夕方には、北京在住の日本人官僚、名士たちが三条胡同の大和クラブで男爵の招待会を行ったということである。

一九一四年六月三日（五月一〇日）　三枚目　一頁目

「日本実業団が帰国」

日本の実業団の渋沢男爵等は二六日朝六時、紫竹林埠頭から「西江」号に乗りこんだ。まず大連に向かって用件を済ませ、その後本国へと戻る。この日、警察庁長の楊敬林が部下を引率し、楽隊などを埠頭に派遣して、厳かな見送りを行った。

八　北京『順天時報』

一九一四年五月八日（四月一四日）　金曜日　三七五一号　二頁目

「渋沢男爵が上海に到着」

上海電　渋沢栄一男爵は昨日上海に到着した。夜、上海に居住する主な日本人の名士が日本人倶楽部に宴を設けて歓迎の会を行った。本日は午前中に上海を離れ、蘇州、杭州へと向かい、予定では九日に上海に戻る。その後、漢口、南京を訪れるという。

時事重要ニュース「渋沢男爵訪中の詳細」

日本の渋沢男爵の訪中についてはしばしば報道がなされているが、その随行員および同行者、ならびにその予定を次に記す。

渋沢男爵の随行員は、渋沢武之助、明石照男、増田明六、大沢正道、堀井宗一、野口米次郎、堀江伝三郎である。

同行者は、大日本麦酒株式会社社長の馬越恭平およびその随行者仲田慶三郎、東洋生命保険株式会社社長の尾高次郎およびその随行者辻友親である。

【渋沢男爵の旅行日程】

五月二日、東京を発ち、同日、地洋丸に乗り込んで神戸港を発つ。六日に上海に到着。七日、上海─杭州の列車に乗って杭州へ赴き、一日逗留。八日に再び上海に戻る。九日に滬寧鉄道の列車に乗って上海を離れ、蘇州に向かい、即日上海に戻る。一〇日、列車で上海を離れ、一一日に南京に到着。一二日に船に乗って長江を行き、一三日には船で九江を観覧。一四日の夜明け、石灰窑に停泊して大冶に遊ぶ。一五日に漢口到着。一六日は一日滞在。一七日午前九時に漢口を出発。一八日午後五時一〇分、列車で北京へ向かい、一九日から二三日まで北京に滞在。二四日午前八時半に北京を離れて天津へ向かう。二五日に天津を発って済南に遊ぶ。二六日、曲阜に向かう。二七日、二八日は孔子廟を参拝し、泰山に登る。二九日に済南に戻る。三〇日、天津に戻り、三一日に山海関へ行き、六月一日に奉天着。その後、大連、旅順、長春、吉林、蘇家屯、本渓湖等を巡って、安東県および朝鮮京城を経て、一七日、日本の下関に戻る。

以上は予定であり、今後多少の変動はあるかもしれない。ただ、渋沢男爵にとって、曲阜での孔子廟参拝は宿願である。男爵は孔子の学問をつとに崇めており、実業に従事するようになってからもこれを最高の哲学として奉じてきた。今回の訪中の前には大隈首相のもとを訪れ、訪中のことについて話し合ったが、その概要をここに記す。

「私の今回の訪中については、世の人々が様々に憶測していて、多くが中国の利権を獲得するためだと言っている。これは全く正しくない。経済と道徳は終始一致するものであり、無理やりこれを切り離してはならない。表面的には、時に得失にこだわることもあるが、内側には必ず道徳が存在しなければならない。私の訪中では、鉄道、港湾、鉱山の様々な現状について多少の見聞はあるのだから、日中の人士の前でそれに関する意見を言うべきである。しかし、それだからといって、他人を排して自らを利することはない。私は実業に従事するようになってから、しばしば『論語』の『己の欲せざるところ人に施すなかれ』という金言を胸に刻んできた。事に当たっては利己を本位とせず、世界の平和と共通の利益を考えねばならないと思っている。そのため、今回の中国旅行も私心の計画など決してないことを断言することができる。私はずっと孔子に私淑してきた。今回、自ら孔子廟にお参りすることは、今回の旅行の一大目的である」と述べている。

一九一四年五月一三日（四月一九日）水曜日　三七五六号　二頁目

「渋沢男爵の日程」

上海電　渋沢栄一男爵は土曜日に杭州から上海に戻る。渋沢男爵は、日曜日には税関総税務司に会い、夜は鄭鎮守使および軍官等が席を設けて招待し、夜半一一時の汽車で南京に向かうという。

一九一四年五月一三日（四月一九日）水曜日　三七五六号　九頁目

「渋沢男爵杭州到着の歓迎」

日本の大実業家渋沢男爵が当月七日、上海から早朝の列車に乗って杭州を訪れることは昨日報道した。渋沢男爵の随行員渋沢武之助、明石照男等一一名は、清泰第二旅館に宿泊する。本省の官界、実業界の各界がいずれも宴を設けて歓待し、歓迎の意を表す。その際、杯を交わし、主客が親睦を深める、親しみの溢れる雰囲気となるに違いなく、両国の経済的なつながりも、おのずと利益を増し、睦まじいものとなろう。杭州総商会は一昨日、農商部から、「日本の著名な実業家である渋沢男爵が五月一日に船で神戸を発ち訪中する。まず上海を訪れ、上海から蘇州、浙江省、南京、漢口を経て北京に至るため、各地に到着した際には適切に迎え、招待されるよう希望する」との電報を受け取って、ただちに歓迎に関する事項の準備に入ったという。七日には、顧総理、王副総理のほか、日本を観光に訪れたことのある袁子受が実業界を代表して駅に出迎える。八日午後は、総商会で大規模な宴会を行い、渋沢男爵と随行員等をお招きする。招待の手順については、渋沢男爵と随行員が朝の列車で上海から杭州に到着する。官界、実業界の代表が駅で出迎え、そのまま清泰第二旅館に向かって休憩、着替えなどをする。二時に、日本の領事の付添いの下、一行は都督府を訪れ都督に会い、さらに行政公署に赴いて省長に会う。そして三時に商会に到着する。同時に都督、省長および特派員が日本領事館を答礼訪問する。三時半に銭塘門を出て日本領事館へ赴いて食事をし、食後船に乗る。官界、実業界が人を派遣して同行し、ともに湖に遊ぶ。六時に宿舎に戻って着替えをする。七時には都督府へ都督および民政長が主催した公的な宴に参加する。八日は七時より、特派員、日本領事が付き添って霊隠寺を訪れる。一一時に商会で公的宴会に出る。午後一時に宿舎に戻り休憩。二時に官界、実業界の代表が駅に見送り。渋沢男爵は今回、貴族一一名とともに列車で杭州を訪れるが、湖や山の景色を楽しみにされているばかりでない。朱舜水の墓の遺物は日本でいずれも渋沢氏によって保存されているのだというが、近年、杭州の金衙荘が朱舜水祠を建てたと聞いて、遠路はるばるからその様子を見たいとの考えもあるようだ。さらには浙江省の工芸や農業、漁業の実況についても視察が行われる。六日には、朱舜水の末裔である朱輔基が列車で上海に出迎えに赴いたという。

一九一四年五月一六日（四月二二日）　土曜日　三七五九号　二頁目

漢口特電「渋沢男爵の行程」

渋沢男爵の今回の訪中で、同行の一一人が本日すでに漢口に到着した。そのまま漢陽の製鉄所を訪問し、翌日には武昌で段都督を訪問する。この都督が特別に午餐会を開いて歓迎の意を表する予定だという。この日の夜には、漢口の商務総会がさらに宴を催して一行を歓待する。一行は一八日午前に漢口―北京の列車で北京に向かう。そのために、鉄道当局が特別車両を用意することで格別の配慮を示す。

一九一四年五月一七日（四月二三日）　日曜日　三七六〇号　九頁目

「渋沢男爵北京到着の日付変更」

予定では、日本の渋沢男爵は一八日に北京に到着することになっていたが、この男爵の所定のスケジュールにやや変動があった。昨日の漢口からの電報によると、一八日に漢口を発つとのことで、一九日に北京に到着するはずだという。

一九一四年五月一九日（四月二五日） 火曜日 三七六二号 二頁目

論説「渋沢男爵を歓迎する」

日本の大実業家、渋沢男爵の来訪については、本紙でも三月二六日の社説で一度論じたが、汽笛一声、男爵は本日既に京漢鉄道に乗り、北京に到着した。今回の来訪の目的については、男爵が上海、漢口等の歓迎会で繰り返し明言している。第一に、幼いころから孔子を信奉し、とりわけ『論語』は拳拳服膺、しっかりと心に焼き付けられている。そのため、孔孟の故郷を訪れ、中華の文物を見ることが第一の目的である。第二に、日中は互いに助け合い、親善な関係を持つべきであると考えており、訪中の機会を利用して、両国の経済関係を取り結ぶことで両国の親交を促進することが第二の目的である。予定の行程では、上海から長江をさかのぼって武漢に至り、武漢から北京に向かう。北京では数日滞在し、北京からさらに山東省に向かい、孔子廟を参拝して、帰国する。現在すでに北京に到着しており、行程も半ばを過ぎた。数十年にわたる宿望が果たされようとしている。男爵にとってこの訪中は自ずと非常に楽しいものであろうが、中国の実業家や名士にとっても、この機会に東洋の実業の大家と握手をして語り合い、その様子を目にし、その言論を聞けることは、まことに幸いなことである。

しかし、これまでには男爵の訪中について、様々な風説が流れていた。政府との間で何らかの契約を結ぶのだろうという説、中国から何らかの利権を取得するのだろうという説など風説はさまざまであった。これは、隣国の紳士に対する礼を欠くばかりでなく、日中両国の感情をも損ねるに足るものである。そこで、本紙では、そうした疑いは解くべきであると繰り返し述べてきた。その点については、すでに男爵が何度も、来訪に他の目的はないと明言しているのであるから、すでに誰もが明白で、以前の風説はいずれも完全に消えていった。中国政府は各地の地方官僚に適切に出迎えるよう繰り返し電報を打っているが、その歓迎の真心は何よりも明らかであろう。

中国の朝野の人士は、実業の振興を言わぬ日はない。いろいろと議論はされていても、成功することはまれだ。その原因を考えてみると、学識が足りぬこと、経験が豊富でないことも考えられるし、官尊民卑の風潮もまた成功を阻む大きな原因として考えられる。中国では数千年にわたって専制政治が行われてきた。そのために、一般の人々の目の中では、官吏こそ尊いものであって、実業はいやしいものと考えられている。そのため、少しでも才能のある者は官僚の道を歩み、身をかがめて実業に従事しようとはしない。この風潮が改まらない限り、実業が振興することはないと私は恐れる。渋沢男爵は、実業界に身を投じたわけだが、高官顕爵をきっぱりと捨て、数十年来実業に一途に専心して、東奔西走し、老いてもなおあきない。中国の愛国の士はその出処進退に学び、これを師とすべきである。また、男爵は中国の経済問題についてよく研究している。たとえば、統一貨幣制度、紙幣整理、鉱山開拓の諸事業についても男爵の教えを乞うことができれば、得るものは大きいに違いない。したがって、中国人は男爵の来訪を心から歓迎すべきである。その上、男爵は日本の実業界の第一人者なのであって、日中間の経済の連携は男爵を通して成し遂げることができ、日中両国の友好親善は男爵に頼れば増進できる。誠心誠意礼を尽くして歓迎の意を表すべきであることは言うまでもないだろう。

要するに、渋沢男爵の来訪はもともと個人としての来訪である。一方、その影響について考えるなら、これは日中間の国交親善の証であり、中国の実業発達の機会でもある。よって我々は中国の人々が渋沢男爵を歓迎することを強く望み、また人々が渋沢男爵を模範とすることを願う。

一九一四年五月一九日（四月二五日）　火曜日　三七六二号　二頁目

漢口特電〈五月一八日に受電〉「渋沢男爵が出発して北京へ向かう」

渋沢男爵およびその随行員等は本日午前九時、列車で出発して北上し、北京へ向かった。

時事重要ニュース「男爵の北京来訪」

日本の著名な実業家である渋沢栄一男爵は、東南部各省の大都市を歴訪し、風俗を目にし、名所旧跡を探訪し、随所で内外の官僚、名士と古典、詩歌を語り、国を利し民を潤す要務につき思い切り論じ、各界から多くの歓迎を受けた。簡単な身支度で、その訪中の宿願を果たす男爵はさぞや愉快なことであろう。男爵およびその随行員は本日午後五時一〇分、京漢鉄道の列車で北京に到着する。予定では、二一日午後四時に袁世凱総統に謁見する。二四日は日本の昭憲皇太后陛下の埋葬の日であり、礼を守り哀悼を尽くすため外出しないが、その他の日は毎日、万寿山、十三陵、八達嶺、さらには北京の名所をめぐり、さらに日中の官界、実業界と接触する。今回の首都訪問を終えた後、一行は、二七日八時三〇分に北京から天津に向かう予定である。北京在住の日本居留民会および日本人倶楽部の人々はいずれも、わざわざお出ましの祖国の有名人を心から歓迎しており、ホストとして宴を催し歓迎の意を表す予定である。

一九一四年五月一九日（四月二五日）　火曜日　三七六二号　二頁目

時事重要ニュース「渋沢男爵の略歴」

渋沢男爵は名を栄一と言い、一八四〇年二月に埼玉に生まれた。幼いころから文武学術の研さんを積み、若くして徳川幕府に仕え、徳川民部大輔に従ってフランスを歴遊した。帰国の後は、明治維新の時期に当たり、氏は昇進して大蔵少輔となり、財政の整理を担当したが、その功績は卓越したものであった。少輔とは現在の次官にあたる役職である。その後、大蔵大臣との間で政治に対する見解の違いが生じた際、渋沢栄一は惜しげもなく官を辞し、民間に下って実業の道に従事し、その後宮仕えをすることはなかった。彼は第一銀行を創設して頭取となり、また各種事業を経営し、富国に努めてきた。何事を行うにしても、必ず大きな功績をあげた。たとえば、商法講習所を開いて人材を育成したが、それが東京高等商業学校として今日非常に人気のある学校となっている。新設された東京商業会議所をみれば、情報を共有しつつ、進歩・発展してやまない日本実業界の原動力はどこにあるか分かる。

この他、様々な重要な会社、各種事業のいずれも、彼の計画によらないものはない。また渋沢氏は、特に公共事業に注意を向けてきた。たとえば、東京市養育院の創設がその一つである。氏は七〇代にしてなお倦むことなく、この養育院の長を務めている。勤務を休むことはないが、老いてなお懸命な仕事ぶりをそこにうかがうことができる。男爵は明治の富国の頃に台頭し、富国の策を重視し、その後五〇年にわたり、商業、工業を奨励し、鋭意に経済発展の責任を負い、非常に広く活動の範囲を広げてきたので、彼の高名に敬服しない者はいない。一九〇九年、男爵は北アメリカ西海岸の商業連合会の招待で、日本の実業家数十名を集め、団長として海を渡ってアメリカを訪問し、日米の国交促進に努め、商工業各業を拡充した。こうした行いは人々の耳目に残るものであった。まずは日本の皇室がその積年の偉業を称賛して男爵の爵位を与えた。これは実業界にあっては非常に光栄なことである。男爵はすでに七四歳であるが、矍鑠として若々しく、なお実業の翼賛に力を尽くし、五〇あまりの会社を直接的、間接的に支援している。現在はその他に第一銀行の総裁、銀行集会所の会頭、東京市養育院院長を兼任している。経営は怠ることなく、そのために実業界の巨頭と呼ばれているが、そう呼ばれるにふさわしい。なお、男爵は面倒な実務についても自ら処理に当たるが、時間がある時には、経書を研究する。平素から孔子を敬い、一動一静のすべてのことは孔子の教えを模範とし、義と利の関係を深く理解している。泰然としてよく養生を行う。蓋し男爵が普通の人より卓越してまったく異なるのにはそれなりの理由があるだろう。男爵は実業に従事するようになって以来、優れた功績をあげ、声望も日増しに高まり、内閣が更迭されるたびに、大蔵大臣の栄誉ある職に推されることが何度もあった。しかし、初志はかわらず、実業に尽力すると誓って、金章紫綬ではその心を動かされたことはない。これは普通の人間にできることではない。男爵は、泰然として、実業界に心を傾けている。その一言一行はいずれも政界を左右し得るもので、政府の官僚も礼を尽くさぬものはなく、誰もが彼を敬う。一国にこうした人物がいることは、日本のみの幸福ではないだろう。

一九一四年五月二〇日（四月二六日）　水曜日　三七六三号　九頁目

「渋沢男爵の北京来訪を歓迎する記述」

渋沢男爵と大日本麦酒株式会社の馬越恭平社長、東洋生命保険株式会社の尾高次郎社長、朝鮮銀行の三島太郎理事および随行員等はいずれも漢口―北京の貴賓車に乗り、昨日午後五時一〇分に北京に到着した。北京駐在の山座日本公使以下、北京に在留する日本の官僚、名士、ならびに中国各部の官僚、商務総会の人々およびその他多くの官僚、名士等がいずれも駅で一行を出迎えた。男爵以下各人は、人々に向かって答礼をした後、六国飯店に向かった。

一九一四年五月二一日（四月二七日）　木曜日　三七六四号　一一頁目

「渋沢男爵の歓迎会」

渋沢男爵の今回の北京来訪では、北京在留者の早稲田大学同窓会が本日正午、順治門外下斜街にある京畿先哲祠の内で、渋沢男爵の歓迎大会を開く予定である。非常に盛大な歓迎会となるものと思われる。

「**渋沢男爵を招待する記述**」

渋沢男爵は一九日に北京に到着し、昨日は、午前、午後といずれも政界の要人を訪ね、互いに交流を深め、それぞれに気持ちを述べ合った。正午には、日本銀行団の代表小田切万寿之助が裱褙胡同邸内で男爵および同行の全員を招待し、さらに内務総長の朱啓鈐、外交次長の曹汝霖、司法兼農商部総長の章宗祥、農商次長の周家彦、商工局長の陳介、交通次長兼路政局長の葉恭綽、参事兼鉄路局総務科長の権量、石炭・石油鉱準備室総裁の熊希齢、平政院長の汪大燮、幣製局総裁の梁啓超、税務処督弁兼交通銀行総裁の梁士詒、中国銀行総裁の湯叡、政治会議員の李盛鐸、北京商務総会総理の馮麟霈、副総裁の陶宝楨、中日実業会社専務取締役の孫多森、農商部員の王治昌が列席した。日本側では、山座公使が皇太后の葬儀の関係で宴への招待を辞したほかは、水野勅任参事官、高尾参事官、宝相寺正金分行取締役等がいずれも列席した。主賓も賓客も散会するまで楽しく語り合った。この日の夕方には、北京在住の日本人官僚、名士たちが三条胡同の大和クラブで男爵の招待会を行ったということで、様々な招待の宴が盛んに開かれたそうだ。

一九一四年五月二二日（四月二八日）　金曜日　三七六五号　九頁目

「渋沢男爵の発言」

一昨日の夜、北京在住の日本人が三条胡同の大和クラブに席を設け、渋沢男爵ならびにその同行の人々を招待した。歓迎会にはあわせて一〇〇名あまりが参加した。お酒を飲み、発起人が歓迎のあいさつをし、続いて男爵が卓見を述べ、熱心に答礼をされた。男爵はまず中日実業会社の進歩発達の経緯について話をされ、最後に、経済と道徳は決して矛盾するものではないとの考えをねんごろに述べ、さらに、「利権の獲得」、「平和の商戦」等の言葉について、逐一、今の人の誤った考えを取り上げながら解説した。その概要はおよそ次のようなものであった。「経済の道は利己であるとともに利他でなければならず、仁愛を根本とし、断じて戦争により勝敗を争い、争いにより奪い合いをするものであってはならない。たとえば、ある生産者がいた場合、彼が製造した物は消費者に益をもたらし、経済的なつながりがここに成り立つが、これは利己であるとともに利他でもある。おのれも利益を得、他者もまた利益を受けることができる。この場合、互いの利益は矛盾するものではない。戦争、奪い合いが他を損ねておのれを利するのとは全く異なる。私は常にこうした気持ちで事に当たっている。今回、中日実業会社を組織したのも、この意を発揮するためであって、我が同胞で日中の事務に努める者は、どの業界にあっても、何事に対しても、必ず博愛仁恕をその最高の価値と考え、両国の福祉を図らねばならない。そうすれば、互いを別のものと感じることはないはずだ」。男爵の演説は、一言一言が温かく親しみやすく、全ての事が理に基づいていていて、まるで春風が頬を撫でて、少しずつ甘美な世界に入り、全体が喜びに包まれていくようであり、皆、「徳のある言葉は、常人が企図しても及ぶものではない」と言った。演説が終わり、皆が盃を交わして、賓客、主人ともに楽しく語り合い、思うところを思い切り語って散会した。

一九一四年五月二二日（四月二八日）　金曜日　三七六五号　九頁目

「渋沢男爵歓迎会の演説」

日本の大実業家渋沢男爵の今回の訪中を受け、北京の早稲田大学同窓会は昨日正午、順治門外にある京畿先哲祠の内で歓迎大会を開いた。昨日正午の列席者は日中両国で計五〇人あまりであり、大変な盛会であったという。宴席では政事堂参議の林長民が同窓会員を代表してあいさつを行い、「我が国の北京在住早稲田同窓会は今日ここに本校と関係の最も深い渋沢男爵を歓迎できることを大変な幸せに思う。現在、日中両国の関係を見るに、まずは実業の面で関係を作ることが一番の急務である。我々同窓会の会員は現在、日本の有力な実業家である渋沢男爵が今後、日中の実業の関係作りに尽力することで、両国の親交を促進してくださることを切に願っている」等と述べた。続いて男爵が答礼に立ち、「本日、私のためにこのように盛大な歓迎の会を開いてくださったことに、心から感謝したい。今日この会に出席して、日本語で演説ができることは、訪中以来なかった喜びである。現在の日中の関係は、先ほど林氏が述べられたように、まず実業の面でつながりを作るというのが名論である。幸いにも、私は実業の面での経験が皆さんより少しばかり長いため、今後は必ずその経営に力を尽くし、私が最も愛する中国のために力を出して、皆様の熱い思いに応えたい」等と述べた。賓客も主人も宴では愉快に話し合い、午後三時まで自由に語り、一同で記念撮影をして散会した。この同窓会は、当日の歓迎会の様子を、本国の早稲田大学総長および内閣総理大臣大隈伯爵に電報で知らせることで、当日の盛況さを表すことを議決したという。

一九一四年五月二二日（四月二八日）　金曜日　三七六五号　九頁目

「渋沢男爵が昨日総統に謁見」

渋沢男爵およびその随行員は昨日午後五時、日本大使館の館員とともに総統府に向かい、袁世凱総統に謁見し、三〇分ほど会談して、そこを辞した。

一九一四年五月二三日（四月二九日）　土曜日　三七六六号　一一頁目

「渋沢男爵が昨日万牲園に遊ぶ」

渋沢男爵およびその随行員は昨日正午前に万牲園〔農事試験場に付設した動物園〕に到着した。農商部がこの園に宴を設け、招待の会を開いたものである。また、昨晩はさらに、徐首相からの書簡により、徐菊老〔徐世昌の号〕の招待の席に出たという。

一九一四年五月二七日（五月三日）　水曜日　三七六九号　二頁目

「渋沢男爵本日北京から天津へ」

日本の実業界の重鎮である渋沢男爵が北京に到着して以来、北京に暮らす日本人官僚や名士たちが盛んに出迎え、招待の宴を催したが、渋沢男爵はその他に袁世凱総統に謁見し、厚い礼を受けた。また中国の官界、実業界からも歓待を受けた。また、その様々な言動は経済の面でもろもろの卓見を伝え、力をこめて日中間の国交を支えようとするものであった。これまで、来訪した客人で、男爵ほど人々に深く感銘を与えた人はいないだろう。聞くところによると、渋沢男爵は人々と会って話し合う合間に、一昨日には十三陵、八達嶺等を訪れ、遺跡を巡り、名勝を探訪し、景物を十分堪能して昨日北京に戻ったという。さらに、今朝八時半の北京発―奉天行きの特別列車で天津に向かった。外交部が呂烈煌を派遣し、交通部も人を見送りに派遣して、礼を尽くした。本日正午には、天津駐在の総領事が歓迎の宴会を開き、夕方には天津の日本人居留民が歓迎会を開く。翌日にも、直隷の都督署と商務総会等がそれぞれに宴会を開いて歓迎し、互いの交流を深める。その後一行は列車で曲阜に向かい、聖廟に参り、泰山に登って、平素の敬愛の気持ちを表し、中華歴遊の宿願を果たす。それから再び天津に戻り、列車で東北三省の各所をめぐり、帰り支度を整えるという。

一九一四年五月三一日（五月七日）　日曜日　三七七二号　九頁目

「渋沢男爵が体調不良で帰国」

渋沢男爵は北京を離れて天津に向かい、曲阜に赴いて孔子廟に詣で、歴年の敬愛の気持ちを果たす予定であったが、天津滞在中に体調不良を訴え、予定の遠出を取りやめ、昨日乗船して天津から東京へ向けて出発した。ただ、男爵の病状は軽微なもので、善良な人には天も味方するもので、すぐによくなられるに違いない。

一九一四年六月六日（五月一三日）　土曜日　三七七八号　二頁目
東京特電「渋沢男爵が無事に門司到着」
渋沢男爵は中国訪問を終え、昨日、無事に門司に到着した。

九　上海『神州日報』

一九一四年五月六日（四月一二日）　水曜日　二五三八号　二頁目
特約ロイター東京電
渋沢男爵はすでに七〇歳を超えた、日本の実業界の重鎮である。現在訪中中であるが、外部では男爵の今回の訪中について様々な憶測を行っている。日本のために権益譲渡を求めるためだ、とか中国における事業を開拓するためだとかいう向きもあるが、渋沢男爵の今回の訪中は実際にはただ見聞を広めるための訪中だという。蓋し男爵にとって中国の南方を旅するのは今回が初めてである。日本電報通信社の代表が男爵に拝謁したところ、男爵は彼に対して間もなく中国に出発することを告げ、さらに、「私の訪中は、かねてからの願いであり、幼いころに中国の経書を読んだ時からここにあこがれてきた。また、私は孔子を尊敬しており、長い間この中国の先人の墓に参りたいと願ってきた。ところが、外界は私の今回の訪中を誤解して、権益を求めようとしているなどと言っている。さらには、揚子江のイギリスの利益を妨げる云々という向きもあるが、実はまったく影響はない。私は何かを求めているわけではなく、今回の訪中の主な目的は観光である。私は中国の文学を研究しており、長い間それを非常に大切に思ってきた。私は実業家であるから、おのずと中国の経済状況を調査するし、中国の指導者、実業家と話もする。さらに私は中日実業会社の発起人の一人として、中国の実業の現状も知りたいと強く願っている。とにかく、今回の訪中には本当に政治的な使命はない」と語ったという。

一九一四年五月七日（四月一三日）　木曜日　二五三九号　六頁目

「渋沢氏上海到着」

日本の渋沢栄一男爵は今月二日、東京を出発して訪中している。その行程については報道した。情報によると、渋沢氏は一昨日〈五日〉夜、東洋汽船株式会社の汽船「地洋丸」に乗って呉淞に到着した。同行者は馬越恭平、白岩龍平等である。昨日〈六日〉朝一〇時に税関埠頭から上陸し、中国在住の日本人官僚、実業家等が昨夜、日本人倶楽部で歓迎会を開いた。我が国の官僚、実業家、たとえば鎮守使の鄭汝成、海軍総指令官の李新、淞濾警察督弁の薩鎮氷、上海県知事の洪伯言、さらには警察庁の濾南と閘北の両分庁の崔、徐の両氏、裁判・検察の両分庁長、および総商会の総理である周金箴等が出席したという。

一九一四年五月八日（四月一四日）　金曜日　二五四〇号　二頁目

「渋沢男爵の上海における談論」

日本の渋沢男爵は日本の大財政家であり、今年七五歳となる。現在、三回目となる訪中の期間中で、昨日〈六日〉、汽船「地洋丸」に乗って上海に到着した。今朝は山東省へ孔子廟の遊覧に出かけることになっており、昨晩は上海に宿泊した。〈?・要〉日本人は日本人倶楽部で歓迎会を開いた。男爵は今月九日には上海に戻る予定だということで、その後南京に向かい、最終的に北に向かって北京を訪れる。男爵が初めて訪中したのは四八年前で、徳川の親王がフランスのナポレオン三世に招かれてパリを訪問した際に男爵も随行してヨーロッパに向かい、その道中に中国を経由したものである。それが男爵の一回目の訪中であった。次は三七年前で、上海で短期間滞在した。今回は三回目となる。昨日〈六日〉、男爵は取材した『大陸報』［The China Press］の記者に対して、「上海は昔日の風景がすっかり変わった。今ある建物、電車、道、橋、車等はいずれも昔はなかった。私の記憶によれば、三七年前と変わらないのは、濁水をたたえる黄浦江のみである。また私の見るところによれば、上海の地はすでに非常に発達している」と語った。男爵はすでに七五歳であるが、非常に矍鑠としており、話しぶりも大変に力強い。男爵の言葉は通訳を介して伝えられたが、男爵は、中国を訪れたいという気持ちはずっと以前から持っていたが、この訪問の手配にはずいぶんと時間がかかってしまった、とされた。記者が今回の訪中の目的をたずねると、男爵は、「野心、欲望というものは何もない。第一の目的は遊覧して風景を楽しむことである。漢文に精通しており、孔子の教訓は自分の胸に深く刻まれている。その上、日中両国は二〇〇〇年もの間密接な関係を持ってきた。こうしたいくつかのことが今回の遊歴の理由である。ただ、中国で、中日実業会社に関係する数人との間で協議を行う予定で、これも今回の訪中の第二の目的であると言うに足る。私はこの中日実業会社の発起人の一人であり、北京に行く機会を利用して中日実業会社の前途についても話し合いをしたい」等と語った。男爵は東京の官界と密接な関係を持つ上に、日本の経済界、商業界の人々から非常に尊敬されているため、日英両国の間の揚子江方面の権利の調和についての昨日の渋沢男爵の発言は非常に興味深いものであった。その発言は、現在の日本の内閣総理大臣大隈伯爵の意見表明の後になされたものであったが、二人の発言内容には非常に似た部分がある。そのため、渋沢男爵の言葉を聞くと、中国の発展について日本が抱く意見、日本の将来の動きがどのようなものとなるかについてより十分に理解することができる。男爵は、「日英同盟協約が引き続き履行されることを非常にうれしく思う。日本の権利とイギリスの権利が衝突するとの説を聞いた時には非常に不快であった。そうした考えがどのようにして生じたのか、実に理解に苦しむ。ある者は、日英同盟は軍事同盟に過ぎないというが、これは浅い見方の者の意見だ。日英同盟には実際、経済上の一致も含まれている。私は、イギリスが揚子江流域で占める勢力の重要性を知っているが、同盟両国は互いに譲歩しあうべきだ。さもなければ、権利の衝突は避けがたい。日本がイギリスと、揚子江の方面で一致した行動をとれれば喜ばしいことだ。[8] 両国の間の権利の衝突は望まない。一国が発展するためには経済上の三つの要素が必要だ。すなわち、資源、資本、従事者の知識と経験である。中国は極めて豊かな資源を多く持つ。イギリスは資本を持つ。そして日本は中国に関する知識を持ち、それをイギリス人に提供して、一致した行動を採らねばならない」などと述べた。男爵はまた、中国国民が国家の基礎を確かなものとしたいのであれば、手順に従って少しずつ前進する必要がある。財政は今日の急務である。実業は振興しなければならず、鉱産は採掘しなければならないが、最も重要なのは財政の整頓である、とも語った〈未完〉。

一九一四年五月八日（四月一四日）　金曜日　二五四〇号　六頁目

当地重要ニュース「渋沢氏歓迎の発言」

上海在住の日本人が昨日午後七時、日本人倶楽部三階の大広間で日本の渋沢栄一男爵の歓迎会を開いたことはすでに報道した。当日、歓迎会には、渋沢男爵とその同行者のほか、我が国から伍廷芳、唐紹儀、上海観察使代理の虞、洪伯言上海知事、上海商務総会の周金箴総理、貝潤生副総理、沈仲礼等二十余名が出席した。主催者側は約四〇名が出席した。

会場ではテーブルが凹字型に並べられ、人々が順番に会場に入った。宴会が終わった後、日本の村上領事が立ち上がって演説し、「渋沢男爵は日本の実業界の先輩であり、日本の財政が確固たるものとなり、経済が振興されたのは、渋沢氏の力によるところが大きい。渋沢氏は七〇歳を超える高齢にもかかわらず、労苦をいとわず日中の実業関係を増進したいと考えられ、今回中国訪問を実行された。今回上海を経由され、こうして氏を歓迎できることは私たちにとって非常に嬉しいことだ。中国の現在の実業の状況は、日本の四、五〇年前の状態を彷彿とさせる。中国の諸君が、この経験豊富な渋沢男爵と話をし、その方策を聞くことは、中国の実業の将来に多大な利益をもたらせるのはいうまでもなかろう。このようにしてもらいたいと思うのは上海ばかりではない。中国各地の実業家もまた同じである。日中の実業の発展により、両国の国交が親密なものとなり、互いに補い合う関係が実現し、東洋の永遠の平和が保たれること、それこそ私の願いである」と述べた。挨拶が終わると、渋沢氏の長寿を祝って乾杯が行われ、渋沢氏が答礼に立ち、「今回の中国漫遊に際し、官界、実業界が歓迎のため盛大な会を開いてくださったことに感謝している。中国の官界、実業界の重要な方々もまた一堂に会すことができたことはさらに嬉しいことだ。青年時代から漢籍を渉猟し、漢学を研究し、とりわけ孔孟の学を大切にしてきた。『修身斉家治国平天下』〔天下を治めるには、まず自分の行いを正しくし、次に家庭をととのえ、次に国家を治め、そして天下を平和にすべきである〕の教えを受け、早くから中国を訪れたいとの志を抱いていた。今回その機会を得たことは実に幸せなことである。上海を訪れたのは三回目である。一回目は四八年前、二回目は明治一〇年であるから三七年前であった。今回上海に来て往時とはまったく違う、発展した上海のさまを目にした。日中の実業の関係を結ぶことが私の願いである。今日まで、個人の間には関係はないが、最近、中日実業会社が成立し、日本と中国の間に大切な関係ができた。私はここから日中の実業の関係がさらに増進されることを願っている。私の今回の訪中が利権を獲得することにあるとある新聞が伝えているが、そのようなことは決してない」等と話した。上海総商会の前副総理である貝潤生と沈礼等が相次いで演説をし、心からの歓迎の意を伝えた。歓迎の会は一一時にようやく散会となった。渋沢栄一氏は昨日朝杭州に向けて立ち、明日再び上海に戻る。明晩は総商会が宴を設けて一行を招待するという。

一九一四年五月九日（四月一五日）　土曜日　二五四一号　三頁目

「渋沢男爵の上海における談論（続き）」

『大陸報』の記者が日本の現状についてたずねたところ、男爵は、自分は政治家ではないため、日本の現今政府および彼の旧友である大隈伯爵の行政方針については、評論することができないと答えた。さらに、現在日本では党派が煩雑で、調和がむずかしく、彼も現政府の成敗を予言することがむずかしいといい、内閣総理大臣のポストが大隈伯爵に与えられたとき、彼は就任しないよう勧めたのだが、各界の人々が強く勧め、大隈もついに辞去できずに総理の職に就き、天職を尽くすことにしたのだということだ。ちなみに、渋沢男爵は日本の大財政家であり、大隈伯爵は大政治家であるが、両人の間にはかなり早くから密接なつながりがあった。日本が鎖国の旧態を改め、世界の商業と対峙することができたのは、この両氏と伊藤、井上、松方の三人の力による。日本ではこの五人を国の大功臣であると称している。日本の現在の経済の進歩は実にこの五人のおかげであり、明治時代の維新が成功したのも大半はこの五人の力による。渋沢男爵は一八六八年に帰国した後、大蔵省の要職に就き、一八七三年に辞してからは、私人としてその力を発揮してきた。まず、日本の人々に資本を集めて利益を生む実業に従事する道を教えたのも男爵であった。男爵は曽て日本の第一銀行の総裁に就任したが、四二年の間に、様々な会社が男爵の名を慕い、監督者として請うところが後を絶たなかった。その結果、男爵が管理する会社は四〇社を超えた。五年前からようやく各会社との関係を断ち、第一銀行総裁に専念することとなった。男爵は商業上の重荷を双肩に負いながらも、教育、文化、慈善事業にも大変熱心である。一九〇九年には日本の商人のトップとしてアメリカに渡ったが、これはアメリカ実業界に招待されての訪米であっただろう。

一九一四年五月二〇日（四月二六日）　水曜日　二五五三号　一頁目

北京専電「渋沢氏北京に到着」

日本の渋沢男爵は本日午後、天津から北京に到着した。二一日に袁世凱総統に謁見する。渋沢氏は一〇日ほど北京に滞在する。

一九一四年五月二〇日（四月二六日）　水曜日　二五五三号　二頁目

ロイター特約北京電〈一九日発〉

日本の渋沢男爵が本日午後、北京に到着した。一週間ほど滞在する予定で、木曜日に袁世凱総統に謁見する。

一九一四年五月二四日（四月三〇日）日曜日　二五五六号　二頁目

この間、日本に対する感情はこの数日で大きく変化したが、これも渋沢男爵の調査ゆえだ。漢冶萍公司の事務を調査した委員会がすでに日本からの当該公司への融資を許可し、日本側がそれほど重要ではない条件を少々変更すればすぐに融資が実行されることとなった。これも渋沢男爵と調査委員長の湯化龍が会談を行った効果である。中国政府は日本に引き続き揚子江流域の譲渡権を与えると言う筋もあるが、その理由がないわけではない〈以上、ドイツ語新聞の二三日北京電より〉。

一九一四年六月一日（五月八日）月曜日　二五六四号　三頁目

「渋沢男爵の北京到着後の招商局の問題」

英文の『楚報』［Central China Post］北京書簡によると、渋沢栄一男爵は一九日夜すでに北京に到着したが、袁世凱総統が招商局の新たな株式〈旧株価は航業産業の新株価の三倍である〉発行を許可する命令が二一日に出された。政府が示した緩やかな方法は渋沢氏の北京訪問と非常に大きな関係がある。確固たる根拠があるわけではないが、人々の間ではそうしたことが広く伝わっている。大総統の命令が突然発表されて、一般の人々も大変驚いたが、招商局の事務に注意を向けていた者はさらに驚き、みな名高い盛宣懐がまた反対派に打ち勝ったと言った。現在、楊士琦は依然として招商局の督理〔管理役〕を務めており、大総統は盛、楊の両氏に招商局の事務に特別注意を払うよう命じた。この局は、唯一の完全な中国の航業企業であるため、外部の人間の手に落とすわけにはいかないからであろう。ちなみに、盛宣懐と招商局には重要な関係があり、将来も同じくこの局の重要人物であり、闇の指揮者でもある。この局の結末については、長い時間が経った後、外部に暴かれる日もあるに違いない。北京の漢字新聞も皆、中央政府が取締役会の質疑に応じ、なんとかしてこの招商局が日本人の手に落ちないようにすることができなかった場合、この局が漢冶萍[9]の轍を踏む日も遠くはないとしている。

一〇　上海『新聞報』

一九一四年五月五日（四月一一日）　三枚目　一頁目

「日本資本家の日程」

日本の資本家、渋沢男爵および随行の人々は今月五日、地洋丸に乗って上海に到着した。七日、八日の両日は杭州に遊び、上海に戻った後、一〇日に南京に向かい、一二日には襄陽丸に乗って南京から漢口に向かう。日本の造酒会社の馬越社長、日清汽船の〔白岩龍平〕もまた男爵に同行する。

一九一四年五月七日（四月一三日）　三枚目　二頁目

「日本の男爵が上海に到着」

日本の渋沢栄一男爵と随行員一〇名あまりが昨日、地洋丸に乗り上海に到着した。この日の夜、当地の日本の副領事兼総領事官の村上が通訳者の西田や上海にいる日本の大商人等とともに、文路二〇号に新しくできた日本人倶楽部で宴を催して歓迎し、上海鎮守司の鄭汝成、巡警督弁の薩鎮氷、上海県知事の洪伯言、巡警滬南と閘北の両分庁の庁長を務める崔、徐の両名、上海地方審、地方検両庁の庁長である張、汪の両名、および商会の総理である周金箴等が宴に招かれた。招いた側も招かれた側も盃を重ね、楽しいひと時を過ごして散会した。この日の午後、男爵は租界を一周し、夜には寓礼査旅館に入った。七日は蘇州杭州へ遊覧に向かい、九日に上海に戻る予定。男爵はすでに七〇歳を過ぎているが、矍鑠としている。男爵は五〇年前に初めて上海を訪れ、三七年前に二度目に訪れ、今回は三回目の上海である。一〇日の夜に南京に向けて出発し、その後は漢口を通って北京に向かう。

一九一四年五月八日（四月一四日）　三枚目　一頁目

「渋沢男爵上海到着の詳細」

日本の渋沢栄一男爵が両国の実業について調査するため中国を訪れたが、随行員はその子息の渋沢武之助と明石照男、秘書長の増田明六、秘書の大沢正道、医師の堀井宗一、野口米次郎、堀江伝三郎である。同行者の実業家には、麦酒会社の社長である馬越恭平、仲田慶三郎、東洋生命保険株式会社社長の尾高次郎、辻友親、日清汽船専務の白岩龍平、漢口支社の社長角田隆郎がいる。一行は六日朝九時二〇分に上海に到着した後、税関埠頭から上陸し、三井支店長の小田柿（捨次郎）宅へ向かって休憩した。男爵本人によると、出発前の神戸で、中国の官僚、実業家で、中日実業会社の組織のために訪日していた関係者と出会ったという。その中には周金箴、孫多森、朱葆三が含まれ、同じ船で中国まで来たという。今回の航海は海上の波も穏やかで、船内では囲碁などをして暇をつぶしたという。

【上海到着後の予定】

当日の夜は、日中の官僚、実業家が日本人倶楽部で宴会を開いて歓迎した。八日午前八時には一行は列車で杭州へ向かい、風景を楽しみ、夜は三井洋行の小さな汽船に宿泊する。九日は上海総商会の招待会へ向かう。一〇日夜は上海駐在の日本企業実業協会の招待会に出席する。その後、一一日の朝七時半に滬寧鉄道の列車で南京に向かい、南京到着後は汽船で大冶を経て漢口へ行く。そこからさらに京漢鉄道で北へ向かう。

【日中の官僚が実業家を歓迎】

七日夜七時、日中の官僚、実業家が日本人倶楽部のメインホールで歓迎会を開いた。日本側から出席したのは渋沢男爵、随行員全員、村上領事およびその他の日本人であり、中国側からは伍廷芳、唐紹儀、楊観察使、洪知事、上海総商会の周金箴総理、貝潤生前副総理、さらに沈仲礼など二十余名が出席した。会場のテーブルは凹字型に並べられ、開宴後には来賓を楽しませるために映画が上映された。

【主人の演説】

宴では、まず日本の村上領事が演説した。領事は日中両国の実業の発展を祝い、男爵の健康を祝した。続いて渋沢男爵が演説し、さらに貝潤生、沈仲礼が続いて演説して、歓迎の意を述べ、日中の実業が発達することを願っている旨挨拶した。

一九一四年五月一〇日（四月一六日）　二枚目　一頁目

「渋沢男爵歓迎記」

【実業家の公宴】

日本の実業家渋沢栄一男爵は一昨日、上海から杭州へ向かい、杭州から蘇州をめぐって、昨日午後二時二〇分、上海へ戻った。四時、上海総商会、漢冶萍公司、中日実業会社〈昨日は誤って「開明公司」と報道した〉が紗業公所にて歓迎の会を開いた。昨日、日本側からは、渋沢栄一男爵、随行の渋沢武之助、明石照男、秘書の増田明六、大沢正道、医師の堀井宗一、野口米次郎、堀江伝三郎、同行者の大日本麦酒株式会社社長の馬越恭平、同社員〈馬越の随行〉仲田慶三郎、東洋生命保険株式会社社長の尾高次郎、同社員〈尾高の随行〉辻友親が出席した。また日本側上海在住者の中から、日本の総領事村上義温、副領事金万喜人および西田畊一、陸軍少佐斎藤恒、郵船会社の石井徹、三井洋行の小田柿捨次郎、正金銀行の児玉謙次、三菱会社の斎藤延、日清会社の白岩龍平、角田隆郎、木幡恭三、〔大倉洋行〕の河野久太郎、台湾銀行の草刈融、日信洋行の馬場義興、高田商会の志保井雷吉、大秦洋行の秦太三郎、半田棉行の副島綱雄、満鉄の村井啓次郎、税関の岸本広吉、麦酒会社の吉田勝次郎、日本人記者の佐原篤介、井手友喜、漢冶萍公司の池田茂幸、興信所の中島忠次郎も会に出席した。中国側からは、伍秩庸、唐少川、薩鼎銘、鄭汝成、洪伯言、関炯之、王崧生、聶榕卿、孫羹梅、朱伯良、虞和甫〈楊観察使の代理〉、厳漁三、鐘紫垣、袁静生、周翊生、陶蘭泉等五〇名あまりが出席した。主催者側は周金箴、印錫璋、盛杏蓀、朱葆三、孫多森、王一亭、貝潤生、陳順夫、王子展、沈仲礼、祝蘭舫、宋漢章、田資民、蘇筠尚、顧馨一等で、一三六名が出席した。渋沢男爵は書に長けているため、王一亭が先ず紗業公所の奥の間で書画の会を催した。渋沢男爵は白絹と宣紙に何枚か書をしたためて記念とした。王君等も書をしたため、互いにこれを贈り合った。奥の間の四方の壁には特別に有名な書画が飾られていたが、たとえば、丁一紳の人物画、董其昌の行書、元代の楊鉄崖の『西爽軒紀』、高其佩の指頭画の人物画、張瑞図の行書、厲駭谷の草書、張叔未が模倣した米南宮の「龍虎」二字、黄恭懋の山水画であった。歓迎会では周が立って歓迎の意を表し、日中両国の実業の進歩を祝った。渋沢男爵もまた立ち上がって演説をし、日中両国の実業の関係について話をした。宴席は大広間に設けられたが、北側に向かって凹字型に舞台が設けられ、舞台俳優によって演劇が披露された。きらびやかな明かりに鼓、楽器のにぎやかさが加わり、宴は盛会であった。

【交渉署の招待】

本日〈一〇日〉、〔楊交渉使の代理〕、鄭鎮守使、警察官の薩督弁が、静安寺路の交渉公署〈もと洋務局〉で宴を設け、渋沢栄一男爵と日本の総領事村上義温を宴に招き、随行員ならびに在上海の官界、実業界の名士が宴に出席した。

一九一四年五月一〇日（四月一六日）　二枚目　二頁目

蘇州通信「日本の男爵が蘇州に到着」

日本の渋沢男爵と随行員一九人は本日〈九日〉、杭州から蘇州に到着した。軍、警察がいずれも旗をあげて歓迎した。

一九一四年五月一九日（四月二五日）　二枚目　一頁目

「渋沢男爵湖北省訪問記」

日本の大実業家渋沢男爵が一四日、九江から船に乗って当日大冶県に至り、石灰窑で上陸し、大冶鉄鉱を一回りして視察した。一行はその後すぐに出発して漢口に到着した。一五日午後に埠頭に到着したが、漢口駐在の高橋総領事が領事館員、日本人商人、漢口の日本軍を引き連れて河岸に並び、一行を出迎えた。江漢関監督の丁士源、夏口県知事の〔王縉〕[10]、洋務会審査委員の侯祖畬、段都督の代理である宋玉峰、呂省長代理の陳希賢や漢口商会総理の呉幹庭、蘇善夫等とともに、埠頭へ赴き歓迎の列に加わった。男爵の今回の訪中遊歴が日中の連絡を密接にさせ、両国の実業を発展させようとするものであるため、親交を表したものである。日本領事は当日、署内で宴会を行い、中外の官僚、実業家がいずれもこれに出席した。漢口の商会は一六日に華商競馬ホールで歓迎会を行い、段都督、呂省長もまたこの日に宴に出席するため武昌に向かう。男爵は武漢の各局、各工場を回り、一七日には列車で北京へ向かう。

一九一四年五月二〇日（四月二六日）　一枚目　二頁目

ロイター電〈一九日北京電〉

渋沢男爵は本日午後当地に到着した。今後一週間ほど滞在の予定で、木曜日には袁世凱総統に謁見する。

一九一四年五月二〇日（四月二六日）　一枚目　二頁目

専電北京〈五月一九日発〉

渋沢男爵は本日北京に到着し、二一日に袁世凱総統に会うが、西洋の新聞は政治的意図があるとしている。

一九一四年五月二一日（四月二七日）　二枚目　一頁目
「日本の男爵の漢口訪問 その続き」

日本の渋沢男爵は大冶の鉄鉱を見物した後、一五日、大貞丸に乗って漢口に到着した。これについてはすでに報じた。男爵と随行員計一三名は、領事館でしばらく休憩した後、漢陽の製鉄所を視察に訪れ、そこで昼食をとった。昼食後は沿路市内の様子を調査し、夜七時に再び日本領事館に戻って宴会に出席したが、宴には日中の官僚等著名な人士のほか、企業のトップ等六一名が出席し、大変な盛会であった。渋沢男爵は一六日午前一〇時には川を渡って湖北省の都督、省長を訪問し、都督府で午餐会に参加し、四時間もの時間を過ごした。辞去した後は接待員に伴われて武漢の多くの名勝を遊覧し、黄鶴楼、抱水堂等を巡った。午後四時には官銭局で督弁の高佑緒が茶会を開き、男爵はそこで武昌商会の理事等と握手をかわした。午後七時には川を渡って漢口商務総会の歓迎会に出席。一七日は京漢鉄道の列車に乗って北に向けて出発し、日中の官界、実業界の面々が駅に見送った。

一九一四年五月二六日（五月二日）　一枚目　三頁目
「渋沢男爵の談話」
【理財家の評価】

日本の銀行家渋沢栄一男爵は一九日、北京に到着し、昨日〈二〇日〉午後五時に袁世凱総統に謁見した。同行者は麦酒会社の馬越恭平、東洋生命保険株式会社社長の尾高次郎等で、総統はねんごろにこれを迎えたという。渋沢は日本の実業家であるため、財政上の経済的問題について長く話し合ったという。退出後、渋沢男爵は、「お会いするまで、袁総統のことを武人的政治家だと思っていたが、お話をしてみて、今ようやく、経済的な知識がある、近世には得難い理財家であることを知った」と語ったという。

【実業上の関係】

『文匯報』〈五月二四日北京電〉において、次の記述がある。

ドイツ語新聞の記者が本日渋沢男爵に会ったが、男爵は「中国興業株式会社の発起人として、日中両国の関係を密接なものとし、協力して事を行いやすくしたいと願っている」と語った。同社の中国側のトップは楊士琦、日本側のトップは倉知であって、男爵は取締役会の一員ではない。ただ、公司に関する事柄を担当しているだけである。この公司は現在、資本金の四分の一しか出資されていない。投資総額は銀五〇〇万両で、日中双方がそれぞれ半分の出資を申し込んでいる。この公司の目的は、政治的なものではなく、最近日本とドイツ両国が締結した中国における実業、文芸の相互保護に似るものに過ぎない。この会社はまた、他国の中国における利益、たとえばドイツの山東省における権益、イギリスの揚子江流域における事業を侵そうとするものではない。イギリスについて言えば、揚子江の利益を独占して他国を排斥しようとするわけではない。渋沢男爵は上海のメディアの代表に対して、イギリスは揚子江流域で事業を運営するにあたり、他国と協力して行う必要があるという話をした。なお、男爵は「中国は広大な領土を持ち資源が豊かであり、イギリスは豊かな資本を持ち、日本は専門的な人材が多くいるのだから、将来、利を起こすことが可能だ」と述べた。中日実業会社はもともと孫逸仙〔孫文〕が発起し、設立した会社で、漢冶萍公司、輪船招商局とは全く無関係であり、漢冶萍の交渉の詳細について渋沢男爵は全く何も知らないという。渋沢男爵は北京から青島へ観光に行く予定で、そこでドイツの実業の状況について視察する予定だ。

一九一四年五月二八日（五月四日）　一枚目　三頁目

専電　天津〈五月二七日着〉

渋沢男爵は本日午後、北京から専用列車で天津に赴き、そのまま日本領事館の宴会に出席した。夜、居留邦人が歓迎会を開いた。明日は直隷の都督が宴を開き、夜は商会が歓迎の宴を開く。

注

1　イギリス中国艦隊司令長官 Thomas Henry Martyn Jerram のことと思われる（一八五八～一九三三）。

2　一八五三年七月に戸部が朝廷に上奏し、各省各地に官銭局が設立された。官銭局は官票という、銀や制銭の兌換可能な紙幣を発行するという（小島淑男編著『近代中国の経済と社会』汲古書院、一九九三年、五〇頁）

3　一九〇八年に漢陽鉄廠、大冶鉄山、萍郷炭鉱が合併して設立された製鉄会社。

4　清末、民国初期の政治家で、立憲運動の指導者である（一八七四～一九一八）。

5　原文は「太倉洋行」と表記されているが、河野久太郎が関わっており、中国本土に進出し、事業を展開していた大倉組のことからすれば大倉洋行の間違いだと思われる。なお、河野は大倉組上海支店の支店長を務めたことがある。大倉財閥研究会『大倉財閥の研究――大倉と大陸』（近藤出版社、一九八二年）を参照。
6　薩鎮氷のことである。字は鼎銘。
7　もと記事には「楊交渉使」とあるが、『渋沢栄一伝記資料』（第三二巻、五三二頁）によると、当日、楊交渉使は出席しておらず、かわりに代理の虞が出席したそうである。恐らく報道のミスであろう。
8　もと記事には脱字があるが、意味が推測可能。
9　漢冶萍公司は資金不足のため、横浜正金銀行など日本から多額の借款を行った。それと引き換えに日本はこの会社の管理権および経営権を握るようになったとされる。
10　『夏口県志　二二巻　首一巻　附補遺一巻』（侯祖畬・呂寅東編、一九二〇年）には、一九一四年の夏口県知事は王緡だったと記載してある。もと報道にある「王緡祥」という名前はミスかもしれない。

第二部

関連の報道および評論

一　天津『大公報』

一九一四年六月二日（五月九日）　第四二三五号　一枚目パート六

重要ニュース「日本駐在陸公使との往復密電」

北京駐在の日本大使館の水野参事官および山座公使が相次いで亡くなった。日本政府はもちろん別途人員調整を行っている。昨日、外交部がこの件で日本駐在の公使である陸宗輿と非常に多くの密電をやり取りしたが、その内容はおよそ今後担当する人員や対中政策についてであった。極秘措置が厳しく講じられている関係で、その詳しい内容を知ることは難しい。

二　上海『申報』

一九一四年五月二四日（四月三〇日）　二頁目

訳電　北京電

北京駐在の日本公使山座は今月二七日、帰国して政府との間で政務について協議する。

一九一四年五月二四日（四月三〇日）　六頁目

重要ニュース「熊前総理と日本公使のタバコに関する会談」

熊総理の在任中、日本人、日本の新聞が、中国政府が英米煙草トラスト会社[1]との間で契約を取り結び、毎年、この会社が中国政府に税金を納めることで、その後何事にも妨げられることなくスムースに事を運ぶことができる、といったことを報道していたが、たしかにそういったことがあるらしい〈この件についてはすでに本紙専電で報道した〉。さらに、東京のある新聞は「熊氏はこの件で一〇〇万円のわいろを得た。これに対して、熊氏がわざわざ電報で詰問したということは、内部で相当な問題になっているということだ」と評している。私が聞いたところでは、我が政府の中にも、列国のぜいたく税増税の例に倣おうと主張する者が多く、特にタバコ税の増税について、中心的なタバコ会社との間で少しずつ話し合いをしているというのだが、どうもそうしたことがあるようだ。日本の各新聞報道は絶対に誤っている。一方、日本政府はこの件について、特別に山座公使を通して政府にこうした事実があるのかどうか質問させたようで、本日、ある新聞から、熊前総理と山座公使の談話の内容が発表された。これは外交上極めて良い資料であるため、以下に転載する。

タバコの専売の件は内政の関係であって、もともと国際的なことには関わってこない。外国人の中には、この件は自らの営業に影響が出るとみて、あれこれと憶測する者がいる。熊希齢の総理在任中、タバコ専売法の審議が行われた。日本の各新聞の多くは我が国と英米煙草トラスト会社が契約を取り結んだ等と報道したが、そうした噂はいまだに絶えない。そこで記者は特に熊総理に会って、事の顛末につき詳細をたずねた。熊は「この件については、日本の山座公使が四月二三日にわざわざ話を聞きに来て、私も詳しく説明した」と答えた。ここに熊と山座の会話の内容を記す。

山座「今日私が前総理であるあなたを訪問したのは、新聞が、中国政府が英米の会社にタバコ専売の件を委託したと報道している件についてうかがいたいためである。昨日、貴国の上層部の方に会ったが要領を得なかったため、前総理の発起によるこの件について、私が新聞の報道を見たところ、貴国政府はすでに英米の会社に特別の権利を与え、すでに契約を締結しているということであったが、それは本当であろうか」

熊「国のタバコ専売の件はもともと私が発起した。七、八年前、張百熙尚書〔外務や逓信関係の主管〕が戸部〔財政部〕を管理していた頃、上海の老晋隆洋行［Mustard & Co., Ld.］のシガレット販売が次第に発展していくことが懸念された。それに対抗するために、私は張大臣に専売制度に就き早急に準備をするように上申した。さらに丁未年〔一九〇七年〕には、沢公〔載沢〕が度支部〔一九〇六年、戸部から改称した財政部のこと〕のために、また専売の実施を請うべく意見書を出した。しかしいずれも実行には至らなかった。その後、昨年になって財政部が人を派遣して調査を行い、外国のシガレットの販売が盛んになっており、特に英米煙草トラスト会社が最も繁盛していることが分かった。そこで、財務部が大総統に対し、部内にタバコ専売の準備処を設けて、各国の規則を広く収集し、将来の方法を準備するよう上申した。総統からはすでに準備の許可が下りている。タバコ専売またはは課税については、なお詳細に検討する必要があり、どこの国の方法を採るかは未定である。実行されたとしても、国が自ら実施するほかはなく、外国の会社に委託する道理はどこにもない」

山座「我が国政府から指示を受けた。貴国政府と英米企業が契約を結び、英米企業に印紙税の代理徴収を委託したとの説があり、我が国政府は以前の条約上問題があると考え、本日私が特に貴殿におうかがいにあがった」

熊「昨日、我が国の外交部に問い合わせがあり、すぐに返信をしたが、この件は非常に重大である。外国の企業と契約を締結するには、必ず国務会議で決議して総統の承認を仰がねばならない。単独で財政部が契約を締結することはありえない」

山座「各新聞には非常に詳しく報道されているのは、なにかわけがあるのだろうか」

熊「私がタバコ専売の準備を上申した時から、各国の商人が私のところに頼みにやってきた。英米煙草トラスト会社がとりわけ慌てており、人を派遣してきた。貴国の岩谷、岡田の両氏も私に会いに来て、タバコの件では中国政府といっしょにやりたいと求めてきた。新聞に色々噂が出ているのはこれと関係があるかもしれないが、よく分からない」

山座「貴国が専売および課税を行う予定であるということについては、どのようにお考えか」

熊「我が国では、タバコ専売を議論するにあたり、各国の方法を検討した。貴国とフランス、オーストリア、イタリアは国が専売を行っており、トルコ、スペイン、ポルトガル等は商人が請け負って行っており、イギリス、ドイツ等は輸入税を重くしており、ロシア、アメリカ等は生産・発売時に印紙を貼付している。中国は関税協定条約の制限を受けているため、輸入に税金をかけることはできない。そこで、専売か印紙税の二者から選ぶしかない」

山座「専売は条約との関係で問題があり、印紙税も関税を取った後にさらに納税を命ずることはできない。いずれも条約上支障がある[2]」

熊「専売は国が中心になるため、条約によって妨げられることはない。日本の方法を模倣して、政府が専売局を設けて国内産のタバコを買取り、国内外の業者に転売すれば、外国人と取引しないわけでもなく、一つの国の会社だけを対象に販売するのでもない。とりわけ、貴国の方法だと、国内で発売し、価格を設定し、輸出するとき、税はかえって軽くする。条約によって妨げられることはない。中国はフランスと契約を結んだが、中外の商人の独占にすぎず、国の専売ではなかった。印紙税の方法であれば、さらに何も障害はない。中国は現在、各省で厘金税〔商品に課す通行税〕がまだ撤廃されておらず、各国から商品を輸入すると、関税および子口税〔外国人の商品に課す税金〕を納めた後、中国商人の手に売られ、その上で、各省の地方官の多くが中国商人から落地捐〔貨物税〕を徴収している。辛亥革命後、浙江省の都督はシガレットについてこの厘金税を課税しており、この方法は中国ではすでに慣例となっている。印紙税を実行することも同じ趣旨である。内外のシガレットに印紙を貼付する場合は、関税をそれまで通りに納めれば、厘金税は免除となる。落地捐はそのままにしておくが、さらに厘金税は納めさせない。印紙の貼付を望まない場合は、各省が自ら各中国業者のシガレットについて厘金税、落地税を徴収する。私の考えでは、こうした方法では、どこの国の商人でも、印紙税を納めたくない者はないはずで、条約とは何の関係もないように思う」

山座「英米の会社や国外業者が専売として印紙税を納めなかった場合、中国政府はどのように対処するのか」

熊「中国政府はシガレットについては三種類の方法しかない。一、本国産のタバコ葉を専売とする。二、印紙税の実施。三、自ら工場を設けてタバコを製造し、国外業者と対峙する。以前、アメリカトラストが最も恐れたのは、ある政府が国の力で対抗し、人々は愛国心で外国企業のタバコを吸わないことである。トラストは横暴ではあったが、結局のところ商人の株式資本の集合であり、国がトラストと競争するにあたり、〔価格を大幅に下げて販売した場合〕[3]、最終的に赤字が累積してしまうだろう。また台湾ではアメリカ企業が製糖工場を作ったが、日本政府が工場を興してこれに対抗した。アメリカ企業はその影響で、ついにその工場を政府に譲ることになってしまった。こうしたことが前例として考えられる。それに、中国はアメリカ製品のボイコットで、品海［Pinhead］ブランドのシガレットの不買が起こり、現在でもこのブランドは不振のままである。日本の全国国民は、本国にいても外国にいてもみな日本のシガレットを好む。これもまた先例である。外国業者が従わない場合、中国政府は最後の手を使って対抗するしかない」

山座「この方法はやはり難しいが、検討可能な問題はたくさんある。しかし、中国のタバコ専売は日本の原料製造と大きく関係があり、これを論じないわけにはいかないだろう」

熊「申し上げた通り、中国政府のタバコ専売では、各西洋の業者には販売しないわけではなく、日本のタバコ製造にも実に支障がない。それに、日本のシガレットの中国における販売状況を見ると、奉天を除いた別の省では決して多くはない。現在、市況の状況をみれば、中国人も外国人もみな、英米の会社のブランドを吸っていることが分かる。日本人だけが自国のタバコを吸っているようだ。したがって、中国が専売または印紙税を始めた場合、最も打撃を被るのは英米の会社である。日本は販売量が多くはないので、大きな支障はないはずだ。私の調査によると、英米の会社の販売は実に驚くほどの勢いで、その営業の普及、取引の活発さには各国の商人は絶対に勝てないと思う。中国は何か方法を講じなければ、洪水のような被害は免れない。第二のアヘンの禍がまた中国で起こってしまうだろう。それに世界各国はぜいたく税を重くしている。中国は財政困難によりタバコの大口の収入に注目したが、外国はこれには抗議はできない」

山座「私は我が国の政府からの命令を受けて、わざわざ貴国についてお話を聞いたのである。前総理であるあなたのお話を聞いて、英米の企業とはまだ契約は締結していないとのことなので、これを私から政府に伝えたい」

一九一四年五月二七日（五月二日）　七頁目
雑評「渋沢氏の経済道徳談」

渋沢氏は、経済の道は利己であるとともに利他でなければならず、仁愛を根本とし、断じて戦争により勝敗を争い、争いにより奪い合い、他を損ねて自己を利することになぞらえることはできないと言っている。これはまことに温厚な言葉である。しかし、最近の商戦の趨勢を見ると、奪い合いの争いをし、他を損ねて自己の利を求めることは、戦争よりもひどい場合がある。日本人による南満洲の経営を例に取ると、どこが中国を利しているのか。投資は他国侵略の先駆であり、道路、鉄道の実業は人を死に追いやる導線であって、各国もまたそれを直言してはばからない。渋沢氏の言葉はまた、理想の言葉にすぎない。世界の道徳の進歩を願うが、氏が言うようになるのは、あと何十世紀先のことになるのだろうか。

一九一四年五月三一日（五月七日）　二頁目
特約ロイター電　北京電

伊集院が山座の後を引き継いで北京駐在の公使となるとのことで、水野を引き継ぐために、前天津日本総領事の小幡はすでに一等書記官となり、まもなく日本を発って中国に赴任する。

一九一四年六月二日（五月九日）二頁目

特約ロイター電　東京電

山座公使の後任が誰になるのか、まだ確かな情報はない。東京からの情報によると、内田康哉子爵の説がある。子爵は現在職を受けていないが、以前北京公使を務めた折、非常に功績があったため、この人選は伊集院か内田子爵二名のうちのいずれかに決まるであろう。内外各界では、伊集院再任の説にみな非常に期待を寄せている。

一九一四年六月三日（五月一〇日）二頁目

特電　北京電

日本では、〔日置〕[4]が駐北京公使となった。〔日置〕は現在チリに駐在しており、中国との間で初めて通商条約を締結した人物である。

特約ロイター電　東京電

チリ駐在公使の〔日置〕がすでに駐中国公使に任じられた。

特約ロイター電　北京電

新任の日本公使の〔日置〕は、以前北京使署の一等書記官を務めており、一九〇三年には正金銀行北京支配人の小田切（万寿之助）と日清両国間追加通商航海条約の締結について協議したことがある。その後ワシントンに異動となり、さらに駐チリ公使を務めた。

一九一四年六月八日（五月一五日）六頁目
重要ニュース「江蘇実業参観団続報」駐日本記者

参観団の東京到着の状況はすでに報道した。先月二八日午前一二時、大正博覧会協賛会がこの参観団を迎賓館の宴に招いた。会長である東京市長の阪谷芳郎男爵が「今回の博覧会はもともと東京府が発起したものだが、その後全国の各府県が出品して参加することとなり、全国博覧会に改められた。貴国はこの博覧会へ非常に積極的に出品され、当会は非常に喜んでいる。貴参観団がこうして来訪されたことは私たちにとってさらに光栄なことだ。今回は昭憲皇太后の葬儀期間に当たり、様々な面で礼節に欠ける点があることを皆様にお許しいただきたい」と述べ、さらに、「今回の博覧会の出展物は明治三六年の大阪全国博覧会に比べて大きく進歩している。たとえば麦類を見ても、前回の欠点が繰り返し改良を加えた結果、すでに長所に変わっている。また、我が国では口径が一四寸の大砲を自国で製造することができなかったが、今回の博覧会では自国製を出品、陳列している。さらに鋼製の軍艦もこれまでは製造できなかったが、今ではある造船所が新たに一艘造船した。それが、他国が製造した軍艦となんら違いがない上、速力は他を抜いている。さらに、第三会場、第四会場には飛行艇が多く展示されているが、こうした機械は他の国から出品されたものではなく、我が国の工場で我が国が自ら製造したものである。こうした事実から、我が国の近来の製造業の進歩がうかがえる」等とも述べた。これに続いて協賛会の副会長である中野武営が演説し、「今回渋沢男爵が貴国で実業を視察した際には、貴省が率先して優待された。これは渋沢男爵の光栄であるばかりでなく、我が国民にとっての栄誉である。今回貴団のご来訪に当たっては、早くに渋沢男爵から外務省に連絡があり、各界に礼を以て皆さまをお迎えし、恩返しをするようにと通知があった」と述べた。王団長も起立して、「我が団の来日参観に当たり、手厚いおもてなしにあずかり、大変感謝している」とお礼を述べ、宴会は盛会に終わった。

三〇日午後六時、日本の実業家近藤男爵、浅野〔総〕一郎等が参観団を芝公園の紅葉館に招いて宴を開き、政治家、実業界が大勢集まった。農商務次官の上山（満之進）、中華民国特命全権公使の陸宗輿、横浜領事の王守善等がいずれも出席した。開会に当たっては奏楽があり、続いて日本のマジックが披露された。上演が終わると近藤男爵が歓迎の言葉を述べ、「本日、皆さんが遠路はるばる日本へいらっしゃり、こうして一堂に会すことができたことからも、両国の良好な友好関係がうかがえる。今後も常に東アジアの平和が保たれ、実業の研究が共に進むことを願う。新聞の蜚語は無視してもよい」等と話した。次に、陸宗輿公使が、「今回我が国の江蘇省実業参観団の訪日に当たって、近藤男爵から心のこもったおもてなしをたまわり、両国でこうして交歓することができたが、これはこれまでなかったことである。中華民国政府を代表し心から感謝申し上げる。実業については、本来互いに提携し互いに信頼して進取を図るべきものである。渋沢男爵が我が国を訪問された折には、私は男爵に両国のために視察に力を入れられるようにお願いした。男爵はまず江蘇省にいらしたが、蘇州の人々の男爵に対する歓迎ぶりを見て、両国の実業家の間の密接なつながりを感じた。ただ一国の利益のみを図ることは経済学の原理に合わない」等と語った。さらに続いて王団長が答礼に立ち、「当視察団の日本での博覧会参観および工場会社の見学に当たっては、大変なおもてなしにあずかってお り、今晩はまたこうして歓迎の宴を設けてくださったことに団員はみな、深く感謝している」とお礼を述べた。話が終わると、女優が紅葉の舞を演じ、出演者がみな、手に日中の国旗を持って、まず中国国旗、後から日本国旗と互いに交叉させて、両国の友好の意味を表したが、これには大きな拍手がわいた。演技が終わると、日本の各実業家が中華民国万歳！中華の実業界万歳！と叫び、参観団も同じように日本帝国万歳！日本の実業界万歳！と叫んだ。散会時はすでに一〇時になった。

一九一四年六月一三日（五月二〇日）　六頁目
重要ニュース「日本の大隈首相の外交政策」

『大陸報』〈六月五日の東京通信〉において、次のような記述がある。

六月、『新日本』雑誌に首相大隈伯爵の外交政策の大略が掲載された。ここにその訳を掲載する。世界の諸国は強国と弱国の二種類に分けることができる。世界の平和を破壊するのは強国である。強国は力ずくで国益を増進させ、弱い国々に圧力を加える。弱国は武力では利益が保全できず、常に公平であるよう助けを乞う。このため、弱国もまた世界平和破壊の責任を分担せねばならない。文明は水のようなもので、水は高いところから下へ向かい、止まることなく進む。文明は先進国から遅れた国へと輸入される。このため、バルカン半島の諸国はヨーロッパ文明の輻輳なのであり、しばしば政治的な騒動が起きて紛争の渦が巻き起こる。弱国の存立は強国の権力のバランスを妨げ、外交の困難さはしばしばそこから起こる。日本はまだ強国と称するには不十分だが、多くの弱国と等しくもない。つまり、日本は強国よりはやや弱いが、弱国よりはやや強く、強国と弱国の間に介在して、強国と弱国の争いを止めることができ、両者のために意見を伝達する媒介となることができる。私は試しに歴史の流れを眺めてみたが、キリスト教と非キリスト教とは、宗教上のタブーやヨーロッパ・アジアの人種面での偏見ゆえにしばしば矛を交え、互いに征戦を繰り返してきた。しかし日本はその影響を被ることはなく、宗教上、東洋を源とする古い文明と西洋で生まれた新しい文明を保有し、人種の上ではヨーロッパ・アジアの血統を含む。世界各国が西洋文明を東洋に輸出し、東洋文明を西洋に輸出する上で、東西の正式な通訳者として我々日本に勝る国はない。日本は実に東西を融合させる責務があるのだ。今日、万国の平和は権力のバランスに依拠している。たとえば、バルカンの平和を見ると、それはまさにイギリス、フランス、ドイツ、ロシア、オーストリア、イタリアの六国によって維持されている。この六国のうち、オーストリア、イタリアは極東においてはまったく関係がないため、中国と極東の平和は、イギリス、フランス、ドイツ、ロシアの四国によって維持される。これにアメリカ、日本を加えると同じように六国となる。アメリカは一九世紀の初めにモンロー主義を唱えた。これはヨーロッパ諸国がアメリカ洲に侵入しないようにし、同時に、アメリカ大陸以外に対する干渉をやめることを求めるものであった。ただ、アメリカはこの政策を永遠に続けることはできない。経済が発達すれば、海外に製品の出口を求め、あまった資本の投資先を求める必要に迫られる。今日、モンロー主義はすでに時代に合わない。アメリカはスペインとの開戦の後、ついにフィリピン諸島を占領したが、その地は中国に近く、中国との間に特別な経済的関係を持っていたため、米中両国が関連しあうのは自然な流れであろう。ただ私は、上述の、中国と関係のある六国はいずれも土地を侵略、略奪する野心はないと信じている。中国は、アフリカ大陸が比べものにならないほど、ヨーロッパ全土と同じぐらい大量の人口があり、その文明の発達の程度はとりわけ尊敬に値する。ヨーロッパ諸国が中国をアフリカのように分割しようと考えるなら、それは全くとんでもないことで、アジアの大陸を絶えることのない騒乱に巻き込むだけである。なお、その商業、財政の恐慌は世界に影響を与え、極東に利益を有する各国がその害を被ることになる。日本と中国は最も密接な関係を有するため、中国に騒乱が起これば日本はとくにその影響を被る。よって、中国の平和はぜひとも守らねばならない。それは極東にとって有利なばかりでなく、さらに日本にとっても有利である。日本は中国に対して何も隠れた目的を持つわけではない。ただ、中国の平和を守ることによって、中国が経済を発達させ、西洋の文明を吸収するのを助け、極東の平和が損なわれるリスクをなくしたいと願うのみである。幸いなことに、我々には日英同盟、『日露協約』、『日仏協約』があり、イギリスが我が国の禍福に関わっているばかりではなく、我々の主義を賛助する国が他に四国もある。以前各国は盛んに中国の分割を唱えていたが、アメリカ大統領ハリソンは各国に外交文書を送り、「中国門戸開放主義」を主張した。門戸開放とは、機会を均等にするということである。そうすれば商品と資本は自由に中国に入ることができ、各国と中国経済との関係はさらに密接なものとなる。各国が共同でこの経営を行うことが現在の急務であることは言うまでもない。経済関係が密接になれば、宗教、人種面でのタブーは自然と徐々に消えるものである。とにかく、弱者に対する強制は今日行うべきことではなく、各国は協力して事に当たらねばならない。力で他を制し、他に打ち勝つのは好ましくない。この考えに反する国はすなわち実に文明と各国の敵である。私はこの考え方をしっかりと守り、様々な物事を実施するもので、他に野心など抱きはしない。

一九一四年七月五日（五月一三日）三頁目
特約ロイター電　北京電

中日実業会社は六月二二日に商部で登録手続きを行った。資本金は五〇〇万円。日本と中国がそれぞれ半分を出資することとなった。株式は五万株に分けられ、一株一〇〇円となる。本社は東京に設けられ、北京には総事務所が置かれ、上海には分所ができる。総裁は一名、副総裁が一名、総理が二名。株は、日中両国の国民のみが購入可能となる。中日実業会社の主旨は、実業の調査、投資経営、直接的間接的な実業事務の賛助、銀行貸付、その他の財政事務の実施である。中日実業会社は、孫逸仙が発起し、設立した中国興業公司との関係を否定した。

特約ロイター　北京電

華人の報道によると、中国のある人物が中日実業会社の総裁に就任し、渋沢男爵が副総裁に就任し、取締役会の日本人一名が派遣されて代理で事に当たるという。上海分所は、周金箴および日本人が管理する。

特約ロイター電　北京電

日本大使館は、渋沢男爵が中日実業会社の副総裁に就任することを否定し、且つ、〈唐?〉がすでにこの任に就いたとしている。

【雑評】

近来、中国で種々の事業の発展を図ろうとするために、資本を投入する諸外国はややもすれば、偉大なる機関組織をもつ。ある時は堂々と、ある時は秘密裏に行い、そしてある時は成功し、ある時は失敗する。これを、日本は見事な手腕で、精練された方法でやってのけた。さっそくメディアに公開された中日実業会社は、規模は小さいが、その様子は決して他には劣らない。実に敬服に値するものである。

これまで外国人がその金と目的を持って我々中国にやってきたときには独立した組織だとしか思われなかった。しかし、最近になって国民合弁の説が大いに唱えられるにつれ、その経営の方針が一変した。ただ、その精神が以前と変わっていないことに顧みれば、これはただの策略にすぎなかったことが分かる。しかし、この機会をうまく利用すれば、我々に利がないわけではない。残念なことに、我が国の国民がこの点にまだ完全には気付いていない。

一九一四年七月九日(五月一七日) 三頁目

特電 北京電

確実な情報によると、中日実業会社の中国側資本は二五〇万円であり、そのうち少なくとも半分はやはり日本人から借りるか、または未出資だという。この公司を発起した華人の多くは南方の省の者である。これもまた注意すべき点である。

訳電 北京電

中日実業会社は現在、浙江省および南部各省の新しい礦を購入する予定で、すでに周金箴にその手続きを委託している。中国での日本の勢力拡張に関しては、渋沢男爵はこの会社に対して非常に大きな期待を寄せているという。

三　上海『時報』

一九一四年五月六日（四月一二日）　三頁目

「中国興業総会開会記録」

中国興業公司は先月二五日、東京商業会議所で株主総会を開いた。

その出席者は以下の通りである。

【中国側】周金箴、孫多森、朱葆三、印錫璋、胡宗瀛等。

【日本側】倉知鉄吉、尾崎敬義、森恪、大橋新太郎の各役員、および渋沢栄一、中島久万吉、中野武営、浅野総一郎およびその他の重要な株主。

上述の者およびその他の株主計六三名で、株式の総数は四万二四〇〇である。倉知副総裁が司会を務め、まず財産目録と営業状況が報告され、その承認が求められた。続いて利益の処理方法が決議された。その原案によれば、「当期利益は計八九一一円三三銭で、そのうち創業費用の補償が五七一四円七三銭となり、剰余金の三一九六円六〇銭は後期の決算に回す」というものであった。これについて満場一致で賛同が得られ、意見は全くなかった。続いて定款の変更についての決議が行われた。その内容は、「（一）中日双方がそれぞれ取締役一名を増員する。（二）公司の名称を中日実業株式会社とする」というもので、補欠および増員については、中野武営の提議に基づき、渋沢栄一の指名をうけて互選する。その結果、以下の通りとなった。
【中国側】総裁楊士琦、専務取締役孫多森、取締役周金箴および李士偉、監査役胡宗瀛。
【日本側】副総裁倉知鉄吉、専務取締役尾崎敬義、取締役森恪および中島久万吉、監査役大橋新太郎。

この他、「正副総裁を共同代表とし、取締役に欠員があった場合は、単独で公司を代表する」との件、および「重役の報酬を増額し、年間二万七〇〇〇円以内とする」との件は議決された。さらに「重役会が特別許可権を持つ」という件について、渋沢男爵がアメリカの鉱山会社の事例を引用して議定。定款の範囲に基づいて臨機に各事項を処置し、いずれも承認を経て可決された。

次に、中野武営が各株主を代表して、中国実業界の諸氏の出席ならびに各重役の努力に感謝するとともに、会社の発展が日中の経済、国交に益をもたらすことに論及した。

さらに孫専務取締役もあいさつし、「当会社は創立以来、私たちが中国を代表して、労苦も厭わず懸命に務めてきたが、我が国の政界の混乱が相次ぎ、事務に翼賛することができなかったことを非常に遺憾に思っている。本社の創業にあたり、相互の提携に期待しつつ、順調な発展を図る。両国の経済、国交が富強のレベルに達することは本社と密接な関係がある」と語った。挨拶が終わると、満場の拍手が起こった。一一時に株主総会は散会した。

夕方、帝国ホテルで日本側が歓迎懇親会を開いたが大変に盛会であった。

一九一四年五月七日（四月一三日）七頁目

「中日実業会社の運営」

【代表が上海帰着】

総商会総理の周金箴、朱葆三、評議員の印錫璋および周寿田等は、中国興業公司が先月二五日に商業会議所で開いた株主総会に出席するため、先月日本に向かい、中国興業公司の副総裁倉知鉄吉等と一切の事項につき協議を行い、昨日〈六日〉午前中に上海に帰着した。

【営業状況】

この公司の発起に当たっては、日中の資本家が時間をかけて協議を行った。昨年〈民国二年〉〔一九一三年〕に着手。この公司は日中合弁の事業である。開設時に、中国の南方で騒乱があったため、進捗がやや遅れたが、現在ようやくその収入の全額が確定した。日本円で一一三一〇万円、洋銀にして一七〇五万元、規銀〔上海通用貨幣〕にして一二五〇万両である。この公司の資金の準備については、ヨーロッパの資本家と連絡をとらねばならないため、民国二年九月以降、イギリス、フランスの資本家と連絡を取った。さらに中国各地で鉱山を調査する必要があり、技師二名に委託して、まず長江沿岸における鉱山の調査を行う。民国二年〈大正二年〉八月一一日から民国三年三月三一日が公司の第一期となった。この期間の総収入は四万九七〇二円二六銭、総支出は四万七九〇円九三銭で、剰余は八九一一円三三銭となり、この剰余金で創業費の五七一四円七三銭が補填された。さらに三一九六円六〇銭が余り、後期に繰り越されることとなった。

【職員の選定】

現在、中日実業株式会社北京営業所を総行と称し、中華民国における各営業所を統轄する。各職員の補欠選挙を行った。副総裁の倉知鉄吉、専務取締役の尾崎敬義、取締役の森恪、監査役の大橋新太郎はいずれもその任を引き継ぐこととなり、楊士琦が総裁に、孫多森が主任に推され、経理員は日本人一〇名のほかに、中野武営、近藤廉平の二人が加わり、中国側では張謇、周馥、李経義、朱葆三、印錫璋等が加わった。

一九一四年五月二四日（四月三〇日）二頁目

訳電

ここ数日、中国の日本に対する態度は、渋沢男爵の勢力により大きく変わった。漢冶萍事件を調査する委員会は日本の漢冶萍への投資についてすでに同意の意向を表明している。内部の組織に多少の変動はあるが、いずれもそれほど重要なものではない。この情勢が一変した原因をさかのぼってみると、渋沢男爵と委員会会長の湯化龍の会談に行きつく。中国政府は、揚子江流域で、権利の日本への割譲に同意することになるのであろう〈北京二三日ドイツ語新聞電より〉。

一九一四年六月一日（五月八日）　六頁目

時評「中国の情勢を嗤う」

日本の渋沢男爵は、「中国を長く遊歴すればするほど中国の情勢は分からなくなる」と語っている。その通りで、中国を遊歴した場合ばかりではなく、中国に長く暮らす我ら中国人でも、自分が中国の情勢を知っていると自任することはできない。終日、自分でもわけのわからぬ状態に陥っているのみである。

四　瀋陽『盛京時報』

一九一四年五月六日（四月一二日）　二二四六号　二頁目

「犬養が入閣を望まず」

大隈内閣は立憲国民党党首犬養の内務大臣就任を力強く請うたが、犬養はこれを固辞し、立憲同志会の〔大石正巳〕を代わりに推している。そこから三派連携の計画は破綻したことが分かる。政友会の政界における地位はますます強大なものとなりつつある。

一九一四年五月二九日（五月五日）　二二六四号　二頁目

「日本公使および参事官の後任を派遣へ」

政府は、山座公使、水野参事官が相次いで死去したことで、日中の国交に影響が生じることを深くおそれ、時機を失せずに、迅速に後任を派遣することを予定している。

一九一四年五月三〇日（五月六日）　二二六五号　二頁目

東京特電「松平を代理公使に」

北京の日本公使館二等書記官の松平が臨時代理公使を務めることとなった。

東京特電「小幡総領事が一等書記官に」

天津駐在の前総領事小幡西吉が公使館の一等書記官として北京に異動となる。北京に赴任した後、松平書記官と交代する。

東京専電「内田が駐中国公使を引き継ぐ説」

北京公使が死亡して欠員となった後を、内田子爵〈以前北京駐在の公使に任じられた後、大使に昇進し、アメリカに異動。西園寺内閣の際には外務大臣として入閣〉が引き継ぐとの説が非常に有力である。

東京専電「北京公使の後任」

北京公使を誰が引き継ぐかはいまだ未定である。小池（張造）政務局長、石井（菊次郎）フランス大使が引き継ぐという説がいずれもある。

東京専電「新任の一等書記官が中国へ赴く」

新任の北京公使館一等書記官小幡酉吉は三〇日中国へ向かい任に就く。山座公使の遺体は、わざわざ軍艦を中国に派遣して日本に搬送することになるという。

一九一四年六月三日（五月一〇日）　二二六八号　二頁目

東京専電「日置が中国公使に」

日本の中国公使の席については、日本政府がすでにチリ駐在の全権公使日置益を後任として派遣した。

東京専電「大隈が内務相兼職を辞退」

大隈内相は、兼任では確実な仕事はできないとして内務相の兼任を辞退し、大浦農相に後を継がせることを決定した。農相の欠員については、同志会総務の河野広中が埋めることになりそうである。

東京専電「平岡樺太長官辞職の情報」

平岡（定太郎）樺太庁長官が辞職し、その後任として押川則吉〈前農商務次官〉が最も有力となっている。

東京専電「北京公使の後任」

北京公使については、どこかの国の公使が異動することがすでに決定しているようである。

朝鮮専電「小幡代理公使が北京に」

新任の北京代理公使の小幡酉吉は一日夜、京城経由で北京の着任先に直接向かった。

一九一四年六月四日（五月一一日）　二二六九号　六頁目

東三省ニュース　奉天「北京駐在代理日本公使が奉天を経て北京へ」

新任の北京代理日本公使の小幡酉吉はすでに昨日三日の朝、安奉鉄道で奉天を経由し、北京行きの列車に乗り換えて、着任先の北京へ向かった。

一九一四年六月六日（五月一三日）　二二七一号　二頁目

東京専電「日置駐中国公使が任に」

チリ駐在の公使である日置益は、命令を受けて中国駐在の公使となった。政府はすでに日置公使に電報で早急に帰国し正式な任命を受けるよう通知したという。日置公使からは、すぐに出発してアルゼンチンを経由し、そこからヨーロッパに向かい、シベリア鉄道で帰国するとの回答があったという。その旅程には約四〇日が必要で、北京への赴任は八月になる見込み。この間、北京の外交の事務はいずれも小幡代理公使が行う。

一九一四年六月七日（五月一四日）　二二七二号　二頁目

北京専電「小幡代理公使が北京到着」

北京駐在の日本臨時代理公使小幡酉吉は四日午後七時、無事北京に到着した。

五　上海『時事新報』

一九一四年五月二一日（四月二七日）　一枚目　二頁目

北京専電

天津の日本人が開設したある英文新聞が社説で政府をひどく侮蔑したとして、外交部から北京駐在の日本公使に厳重な抗議があった。

六　北京　『順天時報』

一九一四年五月一九日（四月二五日）　火曜日　三七六二号　二頁目

論説「英文北京日報の誤った議論に対する反駁」

昨日、英文の『北京日報』［Peking Daily News］にある評論が掲載された。その題名は『日本および中国』だったが、そこに、日本の大隈内閣が日英同盟を称揚し、列強と協同で対中政策を決定するとの宣言〈その詳細は一昨日のロイター電報欄内に掲載〉が渋沢男爵の訪中に関係づけて引用されている。それは「大隈内閣は中国に対して企みがある。さもなければ、渋沢氏を先に行かせて中国人の目を惑わせようとしているのだ。なんと中国は未だかつて日英同盟に感謝したことはない。イギリスが中国を助けたならともかく、日本人は反逆者を助けてひそかに中国が弱体化することを願っている」等というものである。その辛辣な嘲りの数々は極めて下劣でおぞましい。大隈内閣が同盟の利益を言ったが、これは日英が協力して領土を保全するというものであって、この策には誤りはなく、名論で反駁のしようもない。保全される者が嬉しいかどうかは問題にする必要はなく、その功は否定できない。日本人のごく一部は反逆者を援助するかもしれないが、当内閣でも反逆者を援助するものが皆無であるとも言えない。ところが、反逆して政治犯となるような行為により、罪を恐れて日本国内に潜行し蟄居している者がいることで、「日本が国を挙げて反逆者を援助している」などというなら、敵国でない国はないだろう。日本の朝野が反逆者に対して実際にどのような態度をとっているか、知る必要があるだろう。見る目のある者であれば、こういった恨み言は言わぬものだ。「友邦が日増しに弱体化するのを願い、列強の庇護に依存して、自国のことのみを考える」といった言葉には失笑を禁じ得ない。ここに厳かに告げたい。つまり「中国が貧弱で列強のなすがままにされているのに、日本はなぜ平穏無事でいられるのか。論者は、極東の情勢がいかに変遷しているか、どれだけの危機があるのか分かっていないのだ。日本が悪事をたくらむ心を内に秘めているなどと考えるその見解はなんと醜いことか。日本は商工業で強くなろうと図り、その結果、対中貿易において有利な地位を占めるようになった。もし中国が将来、危難から脱出することができなければ、日本はその東の隣国として、その立国の計を脅かされる。第三国が反間苦肉の計を為すのではなく、ほらを吹きへつらう者ではない場合、誰が恥ずかしげもなくこんな言葉を口にするだろう」と。この英文『北京日報』が前月二四日に掲載した名論についても本紙はすでに十分に反駁したが、それでも依然として改まらず、故意にこういったことを述べるのは道理に合致するものか。

一九一四年五月三一日（五月七日）　日曜日　三七七三号　二頁目

東京特電〈五月三〇日受信〉「駐中国臨時代理公使」

駐中国公使館の二等書記官の松平恒雄がすでに命令を受けて臨時代理公使に任じられた。

「公使館の新任書記官が出発」

小幡酉吉が公使館の一等書記官に任じられ、北京駐在が決まった。本日〈三〇日〉、氏は東京を出発し、赴任の途についた。

「駐中国公使の後任者未だなし」

駐中国公使の後任者については政府が現在物色中である。聞くところによると、中国駐在公使の資格は今回、親任官の待遇に改められる予定であるという。

「内田子爵が駐中国公使に」

駐中国日本公使の後任について、すでに内田子爵を充てることが大筋で決まったとのことである。

一九一四年六月三日（五月一〇日）水曜日　三七七五号　二頁目

「小幡酉吉が明晩北京到着」

新任の北京駐在日本大使館の一等書記官の小幡酉吉は現在北京に向かっており、明日〈四日〉の夜には北京に到着する見込みである。

「山座公使の後任について」

山座公使の病死にともない空席となった駐中国公使の席について、日本政府が現在、南アメリカのチリ公使の日置益を後任として決定したとのことである。現在、公報を待っている。

一九一四年六月六日（五月一三日）　土曜日　三七七八号　二頁目

論説「日本の対中外交」

昨年、伊集院公使が職を退き、山座公使が中国に来た際、一部の中国人は日本の対中外交が変わるのではないかと非常なる疑念を抱いていたが、その疑いを晴らすために、本紙はかつて説明したことがある。今回、不幸にも山座公使が突然の病で亡くなったことで、日本の内閣の入れ替えがあって間もなくであることもあり、噂に流されやすい人々はまた、たとえば大隈内閣は山本内閣の外交方針を一変させるのではないか、とか、新任の公使が山座公使の対中政策を継承するとは限らないのではないか等々、憶測を行っている。様々な誤解が前回よりもひどいため、私もここに一言言わざるを得ない。

日本の対中外交の根本にある主義は、中国の領土の保全、中国の門戸開放、機会均等の維持にほかならない。日英同盟はこの主義を根本的精神としており、『日露協約』もこの主義を守ることを明文化している。国際関係は日星のごとく明らかであり、日英同盟が解除されておらず、『日露協約』が破棄されていない限り、日本の対中外交は絶対に少しも変更されることはない。

中国革命以来、中国は内乱が依然として頻繁に続いている。日本は地理的に中国に近く、通商も盛んに行われているため、中国に対する利害関係がより密接である。そこで、一部の人は、南方派を助けると言ったり、北方派[5]を助けると言ったりして、態度が必ずしも一致しない。しかし、国の外交上の根本的な方針は、このために少しも動揺することはない。国が定めた既定のことは、少数の人によって動かされることはない。ましてや内閣の変化や公使の人選は逐一その根本的な方針を変えることがないだろう。

山座公使の生前の様子を思い出してみるに、彼は日本の対中外交は、覇道ではなく王道を取るべきであると言っていた。そのため、領土の拡張、隣邦の侵略といった各種の荒唐無稽な誤った論は徹底して排除し、中国の富強を促進することにより東アジアの大局を維持することに専ら務めていた。彼が駐中国日本公使に着任して以来、心血を注いで国交を増進していたのはまさに上述の主義ゆえである。そして、我々が知るべきは、この主義は山座公使一人の主義ではないことである。山座は外務省に長く属しており、日本の対中の方針を熟知していた。そのためにこの方針を実行し、発言をしていたのである。この点から推測するに、後任の公使もまた、誰が任命されようとも、また日本の内閣が何度変わろうとも、領土保全、門戸開放、機会均等の主義は決して少しも変わることはない。これは自ずと断言できる。本日はちょうど山座公使の葬儀の時でもあり、我々は特に日本の対中外交ついて明言したい。後任の公使もかならず、これまで通りに事をすすめ、山座の残した政策を引き継いで、一般の人々の誤解を解くに違いない。

そもそも我々が言わなければならないのは、このごろ、交通の便利さにより世人の視野は国内に囚われないことである。それゆえ、欧米各国の新聞雑誌は外国の政治に対して自分勝手に批評することになる。言論の自由はもとよりこんなものだろう。現今日本のマスメディアも発達しており、隣国の政治に対して、記載したり評論したりすることは何ら珍しくない。記事や評論がある以上、中国政府の失敗に対して非難を浴びせることも理解できることである。ただ、中国の現状からすれば、まだ官僚政治に属しており、大多数の人の考えでは、ややもすれば官僚を政府とみなし、政府を国家とみなすので、ついに官僚を批判したり、政府を攻撃したりする隣国の言論を、国交を離間させる証拠とする。これは根本的な間違いであり種々の誤解もこれによって生じたのである。

七　上海『神州日報』

一九一四年五月九日（四月一五日）　土曜日　二五四一号　一頁目

社説「注意すべき日本の対中政策の変遷（一）」

日本は二〇年近く、対中政策の特質がその国の栄枯の要素の一つとなってきた。そのため、政客の遊説、新聞の言論にも、当局の苦心焦慮にも、武官の行動にも、ありとあらゆるところに中国問題が存在する。著作はやたらに多く、いったいどのくらいあるものか分からない。この内閣が戦勝の余韻に乗ってヨーロッパ人の真似をし、次々と横暴で理にかなわぬことを行い、力を振るって我が国に迫ってきた。その結果、一方では中国の反感を引き起こし、一方では欧米から責められることとなって、日本の国際的な信用は大きく損なわれ、ついにはその国際的な金融にまで災いが及んだ〈日本はヨーロッパ人に信頼されていないので、外債の募集は次々と打撃を蒙ったのである〉。こうしたことはいずれもそれほど遠い昔のことでもない。昨年秋に日本兵が昌黎で我が国の警官複数を殺害した事件を振り返ってみると、あの事件は世界を長く震撼させたのだが、日本の前政府は我が国との交渉で、一貫して無理やり事実を覆い隠そうとした。一方で、南京で誤って日本人を傷つけた事件では、日本が求めた条件は常軌を逸するほど、あまりにも厳しく重大なもので、我が国政府は情勢が不安定な中、その条件に従わざるを得なかった。昌黎事件のほうが本来は南京の事件よりも一〇倍も重大な事件であったにもかかわらず、日本は我々の要求を決して受け入れず、長い間放置した。日本の前政権が倒れ、大隈が新政府を組織して初めて、日本はようやく少し当方の要求を受け入れることとなり、迅速な手段で事に当たったが、これは極めて注意すべきことである。日本の新聞が得た東京の電報では、大隈は最近、イギリス側に対し、「日英同盟は力を入れて守り、拡張しなければならず、イギリスの財力を用い、これに日本の知恵を併せて、協力して中国に対するべきである」と言ったという。大隈は対中政策において財力を使うことはできないが、自ら日本が中国に詳しく、優れた知識を持ち、中国の隠れた部分を洞察することではイギリスに勝ると認識しているからこうしたことを言ったものである。昨日、日本でその名の知れた渋沢氏も上海に到着したが、彼も西洋のある新聞の記者に対して大隈と同じことを言っていたというからとりわけ注目すべきである。そこから、日本の新政府の姿勢が知れる。つまり、表面的には懐柔の手段を通して中国と交歓しつつ、機に乗じて実業上の拡張を図り、平和のうちに多くの権利を得ようとする。また一方では、この政策により日英両国の中国における権利競争の衝突をなくそうという考えで〈最近、漢冶萍および寧長鉄道およびその支線、大冶銀鉱等の問題で日本とイギリスはひそかに激しい衝突を繰り返していることはすでに本紙で紹介した〉、日英の間で以前の好ましい関係を回復し、イギリスの資本を利用し、新しい目標を中国に打ち立てようというのである。私が考えるに、間もなく事実が明らかになるだろう。日英は国際的に、こうした考え方を抱いて交渉するだろうが、成功するか否かは分からない。大隈は晩年に入って政権を執ることになったため、自身の政見を急ぎ実行したく、時間をかけて待つことは決して望まないだろう。私は改めて日本の在野の者の一側面を見た限り、中国を侮蔑する態度が少しも変わっていないと感じている。現在、日本政府は特別に人員を派遣して中国で日本人住民の反乱加担者の調査を行うことで、表面的には物事を丸く収めるように取り繕おうとしているが、日本の在野の人間はどうやらそれには賛成しておらず、日々、我が国の反乱者に加担し、何とかして中華政府の信用を貶めようとしているのだ。そうしたことが今も依然として行われており、日本の新政府の行為とはまったく違う様相を呈している。以前、日本は対外的言論に紀律があることで知られていたが、伝統の気風もいまや煙霧と化して消えてしまったようだ。これもまた大いに注意すべき点である。さらに先日、ある日本の新聞が中国の『臨時約法』[6]の改訂について評論しているのを目にした。引掻きまわして問題を起こさせるのは彼らの常套手段だが、いい加減に非難の言葉を並べ、ほしいままに攻撃する昨日の評論は、読むに忍びないほどのものであった。あれは本当に誠意からくる忠告なのだろうか。それとも旧態依然たる純粋なる罵りなのか。甚だ理解に苦しむ。一国の法律はその国の人間が定めるもので、外国の法文は参考にはしても、決してそれをそのまま踏襲するものではない。甲国の法律の一見識にこだわり、それを根拠に乙の国が自ら定めた法律が不適当だというのは、日本人が自らの入れ墨の遺風を誇って、イギリス婦人がウェストを細く締める風習より入れ墨の方が美しい、と罵るのと何も変わらない。それこそ、狭量な民の大きな欠点ではないだろうか。

一九一四年五月一〇日（四月一六日）　日曜日　二五四二号　一頁目
社説「注意すべき日本の対中政策の変遷（二）」

日本の法制はいやしくも法理によって判断してみれば、議論の余地は大変多い。日本は、表向きは大権政治であると称しているものの、実際には君主は前代の慣習を踏襲しており、ただ長州、薩摩の二閥が、機に乗じて貴族政治を代行しているに過ぎない。薩摩閥は海軍の収賄事件で躓き、勢力が弱まったために、憲政擁護への尽力を謳う大隈が政府を組織することとなった。しかし、長州閥の勢いがすでに動き出しており、我々が予測するに、その二個師団増設[7]の件が間もなく現実のものとなるであろう。議会がさらにこれに抗すれば必ず解散の令がそれに続くことになり、民意がそれでも過激な方向に流れることになれば、極めて非道な圧政が姿を現すこととなる。自国の状態を憂えずに我が国のことを狙うところに、その意図が見てとれる。この点も我々特に注意すべきところである。日本のある新聞が我が国の『臨時約法』の改訂に対して論じた以下の評論にその態度の一端が見える。その中の言葉遣いに対しては甚だしい言葉をいずれも削除している。

中華民国の修正約法（『中華民国約法』のこと）がすでに公布されたが、記者はこれについて疑問がある。この新しい『臨時約法』の完成は中華の運命にとっていったいどのような関係があるのだろうか。袁世凱総統の臨時約法増訂の議は、昨年一〇月下旬に国会に出された提議を発端とする。ところが議会はそれを高閣に束ねて放っておき、急いで憲法を制定した。袁世凱総統はそれに不満を抱き、その極みに達して、機に乗じて「特克推多」〈スペイン語でいう覇者の音訳〉〔独裁制〕を施行して国会に臨んだ。昨年一一月五日のことである。その後、黎元洪等が二二の行省の都督、民政長、護軍使等二八名と協同で総統に国会の停止を申請した。所謂政治議会というものは、これによって生まれた。一二月二二日、総統は約法修正等の件についてこの会議に諮問し、この会議は協議の結果、別途約法会議を組織するべきとの結論を出し、当年一月二四日に約法会議組織条件二二条が判定された。三月三日には議員の選挙が遂に完了し、同月中旬には当選者の資格の審査が行われた〈当選者は計六〇名で、そのうち三名は不合格となって別途選出となった〉。審査が終わり、同月一八日には開会式が挙行された。この会議が約法修正に着手してから一か月半後に、ようやく解決に至った。その手続きは大変慎重で用意周到である。約法修正以前、袁世凱総統着任以降に、『臨時約法』はすでに消滅しているとは言っても、実際には不文の修正約法が存在し、今はこの不文の修正約法を成文にするというだけのことである。約法の修正期限以内のことをみてみよう。袁世凱の行動の専制ぶりは非常に激しく、彼がいかなる時にも発揮できる権力は、いずれもすぐに公になる。その点を見るに、約法の有無は実は軽重するに足らぬ問題である。臨時旧約法の束縛が強すぎ、施政当局が運用に窮したためというが、これは一般の部外者公認のことである。記者もまた、評論を発表して修正を主張している。残念なのは、袁世凱総統の修正の目的が至誠から出た修正ではないこと、国家国民を思ってのことではないことである。袁世凱は、「民国が成立して二年、建設の事業は未だ成らず、人民は容易に危急に直面しうるが、これは皆この約法の所以である」と言っている。ああ、まさにこれは着実な議論であるものか。彼が抱く目的は、極めて陰険、極めて暴虐、極めて悪辣な手段を出所とする。どんなに善意に考えても、袁世凱という人物は革命の精神を決して尊重していないし、国の利害を考えていないし、民の安寧を考えてはおらず、ただただおのれの権力の拡張のみを慮り、おのれの功利のみを求めている。その措置の十中八九は帝王の栄華を楽しむもので、我々は反対せざるを得ない〈これは純粋に国民党[8]の口調である〉。善政を行うべきものの、袁世凱総統はそれを無視した以上、約法は修正を経ても、発揮できる彼の権力は約法の修正以前と同じである。したがって、今回の約法の公布にはどのような新しい意味があるだろうか。今日の中国の形勢をみれば、清朝の末期のそれよりも悲観的である。袁世凱総統の権威はほとんど天子を凌駕してその上にある〈この言い方には根拠があるか〉。約法の修正で、その権勢が絶対的に確保されたことは間違いなく、袁世凱は帝王の専制政治を行うことが可能となったのだから、その喜びも想像に難くない。ここからさらに、内憂を後に残さぬために焚書・坑儒の圧政を敷くようなことのないよう、袁世凱総統には望みたい。今回、徐世昌が簡単に就任を承知しなかったのに、今は出てきて組閣にまで手を出すことに同意したのはみな『臨時約法』改訂の功績である。なぜか。内閣で心配なのは基礎が不安定であることだが、この改訂約法があれば、内閣の基礎は盤石なものとなる。袁世凱総統の地位で心配なのは不安定さであるが、この改訂約法があれば、総統の地位は泰山のごとく揺るがない。袁世凱と徐世昌の二人が力を併せて事に当たれば、中華国家強化の望みはあるが、財政的に困窮し、国内外に様々なことが起こる現在、国家統一の大業を為し得るのか否か、誠に大きな疑問である。その上、新しい約法は国民の新しい思潮とは相容れぬものなのである。

〈以下略〉

日本の新聞のこうした議論は以前からよく目にする。第三者の目線であるし、偏見もあるのだから、こうした発言になるのも無理はない。我が国の人間として注意すべきは、大隈の最近の宣言と、この文章の終わりの部分の、「財政的に困窮し、内外に様々なことが起こる現在、国家統一の大業を為し得るのか否か、誠に大きな疑問である」という文言である。突き詰めてみると、日本の最近の対中外交は、イギリスの財力と日本の知恵を併せ、協同で我が国から利益を謀ることを目指している。それが真相である。ああ、我が国の朝野が自ら積極的に策を講じなければ、他国への干渉を厭わない者は瞬く間にやってくるだろう。その時には何を以ても避けることはできないのだ。ああ、なんと危ういことか。

一九一四年五月二四日（四月三〇日）　日曜日　二五五六号　二頁目

訳電

政府は上海駐在の探偵を呼び戻すことになる。江蘇省の都督である馮国璋は上海で会議を開き、揚子江流域の秩序安寧を永遠に守る方法について協議決定する予定である。蘇州、浙江、江西、安徽、湖南、湖北の六省がそれぞれ文官、武官を二名派遣してこの会議に出席させる。六省の軍警の組織はまた、揚子江流域の秩序安寧を永遠に守ることを目的として、各省が互いに助け合い、混乱が生じた場合には相互に通告しあう。九江は常駐の探偵局を設け、その分局を漢口、重慶、上海の三か所に設ける〈以上のドイツ語新聞は二三日北京電〉。

一九一四年六月一四日（五月二一日）　日曜日　二五七七号　四頁目

「日本の駐中国新公使の来歴」

日本の公使山座が病気で亡くなったことを受け、日本はすでに日置益を後任として中国に赴任させることを決定した。東京からの書簡により、日本政府による日置派遣決定の詳細が明らかになった。書簡によると、今回、日本政府は駐中国公使の後任として、まず前任公使の内田を考えていたが、内田の承諾を得ることができず、最終的に日置益に決定したという。日置益は現在チリ公使を務めているが、本国での名声はあまり高くはない。そのため、閣議に提出された際には、閣僚の中に賛成できないとする者がかなりいた。しかしそれでも加藤外相が日置を強く推したので、大隈総理が同意し、最終的に一致して承認された。ただ、外部の世論にはなお多くの不満が残されている。日本人は対中外交を第一に重要なものと考えており、陸軍は軍事出身の人物を推して当局に派遣を迫り、対中外交の急進主義を進めようと考えた。そのため、円熟さで有名な日置には不満があった。日置は伊勢の出身で、帝国大学卒。現在五二歳である。朝鮮、ロシア、アメリカ等の外交官ならびに中国駐在の一等書記官を歴任した。日清両国間追加通商航海条約の交渉には日置も加わり、功績をあげた。それが今回の派遣の理由にもなったという。日置は英語、フランス語、ドイツ語、スペイン語の各国語に通じ、とりわけ英語を得意とする。性質は温厚だが内側は剛毅で、若い頃には辛辣で容赦ない人物であったが、現在は老境に入り、しだいに円熟味を帯びるようになった。今回、公使へ昇進できたのは故小村の知遇を受けたからであり、中国へこられたのも加藤外相から特に認められた結果である。日置は現在チリにいるため、日本に戻るのは七月下旬となり、中国への着任は九月中旬となる。臨時代理公使の小幡酉吉は日置の下に管理されることを非常に嫌っているとのことで、日置が北京に到着すれば、小幡は他国に転任するものとみられる。

八　上海『東方雑誌』

第一〇巻第一二号　一九一四年六月一日　一頁～七頁

章錫琛「日本大隈伯爵の東方平和論」

今年三月、日本の雑誌『新日本』において、「三たび東方の平和を論ず」という、編集主任大隈重信伯爵の文が掲載されている。大隈はそれによって対中政策を明言している。同号以降、海軍問題に関与したことで発行禁止となったが、本論は禁止リストにはなかったため、四月号で再度発表された。大隈伯爵が新たに総理大臣の職に就くからには、その政策は言論を実行に移すことかもしれない。そこで、国民に知らせるために、直ちにこれを翻訳した。

一　極端から極端へ転換する対中政策

私の東方平和論は、本誌においては今回が初めてであるが、実はすでに前後して三回行っているのである。第一回は二〇年前の日清戦争後、列強が揃って中国を分割していた時期である。まず列強は、普段から中国を眠れる獅子と見ていた。これは、清朝の重臣曽紀沢がパリでの演説で自国をぐっすり眠っている獅子になぞらえ、一旦目覚めると、あらゆる獣が恐れるような威勢をふるうことになり、そうなると、中国はもはや今日の中国ではなくなると自ら述べたのである。聴衆はこれに衝撃を受けた。そのとき、中国は西洋を見習い、富国強兵の方法を求め、西洋式の陸海軍を編成し、特に大沽砲台、旅順、威海衛軍港を設置し、大きく一新する様相を呈していた。日清戦争開戦におよび、両国の勝敗は意外にも予想外のものとなった。当時の中国陸海軍は日本と比べて優れていた。海軍はすでに戦闘艦二隻を所有し、日本はそれに及ばなかったのである。陸軍は李鴻章の部下に属する直隷軍で、西洋式の訓練を受けており、前々からその精鋭さで知られていた。日本が有するのはわずか七個師団で、兵士の数、武器の質の良さ全てにおいて、中国よりはるかに劣っていた。よって、欧米人で外国の情報に通ずる者は皆、最終勝利は必ず中国が収めると主張し、日本が危ないとみなしていた。武器を交えて初めて、中国軍はこともあろうに敗戦、慌てて逃亡するという完全な敗北を喫し、半年にもならないうちに、李鴻章を下関に派遣し平和交渉を行った。これが下関条約である。三国干渉が始まったのもこの時である。

中国の国土は広大で人口も多く、その歴代の歴史をみれば、中国を苦しめたのは、常に北方の異民族であったことが分かる。この北方の異民族の軍隊は中原を席巻し、国の基礎を築いた。すなわち愛新覚羅王朝である。勇猛で恐れられたこのタタール族は、訓練を経て文明的な軍隊に編制され、その勢力の素晴らしさは、一般人でも自然と予想できた。欧米列強が最初に中国を重視しすぎた理由は、実はこれにあったのである。中国は日本と兵を交えたことで、戦力の弱さをすっかり暴露された。列強の見解も極端に高く評価するものから極端に見くびったものへと変化していき、中国の崩壊はすぐ目の前に迫っており、日本に一本の指の力を加えさせれば、必ず崩壊することになり、収拾がつかなくなると考えられるようになった。これが、三国干渉が始まった主な原因である。

中国は力を失ったうえに、これが原因で勢力範囲の確定問題も続いて起こったのである。この問題が盛んな時期に、我々は勢力範囲のことを空想として批判した。勢力範囲という言葉は、もともとアフリカ分割の際に起こったものである。アフリカはそもそも無人の地で、よって、列強はハンドブックに基づいて、どこからどこまでがどの国の勢力範囲であると定めたのである。中国に至っては、むろんそれは全く異なることである。中国は四〇〇〇年の歴史と四〇〇〇年もの間に代々伝えられてきた文明があり、ヨーロッパ全土の広さに匹敵する広大な国土を持ち、四億の国民はその土地で生活しているのである。アフリカを分割した方法では中国を分割できるものか。それは、列強は当初中国を過度に重視したことで、この極端な侮辱という反動がうまれたのである。当時『時事新報』〈日本〉はすでに中国分割図を記載していた。我が国〈日本〉の外交当局は、軽率にもそれがすぐさま実行されるかのように中国分割の説明書を提出した。しかし、我々から見れば、それは実に妄想に過ぎない。なお、列強が中国を分割しようとすることは自ら災いを招くことである。もし中国を滅ぼそうとするならば、中国人を殺し尽くさなければならない。中国人一〇〇万人を虐殺したければ、まずは少なくとも自国民を一〇万人犠牲にしなければならない。このように人口の増加が激しい国なのであり、私は中国人が滅びる前に、西洋人が先に自滅するのを恐れたのである。これがまさに、当時我々が強く反対した理由である。

二　中国の畏怖の念を利用した列強

第二回東方平和論は、日露戦争後に発表された。強大な力をもつ日本は、中国人に恐れられていたので、勢いに乗って日本が中国全土を侵略するという説は、中国人の想像だけに留まらず、中国における商業権利を拡大している欧米列強も、中国市場における日本勢力の拡大を非常に懸念していたのである。そこで、その嫉妬心によって、日本に対する中傷を企み、日本を讒言することによって日々中国人を震え上がらせていた。すなわち「日本は虎視眈々と機会を窺い、中国滅亡という悪事を企んでおり、その危険性は言葉では言い表すことができないが、我々欧米諸国は、以前から中国を守る意思があり、他の意図は全くないので、中国は日本とは距離を取り、欧米と親しくするべきである」と。中国はますます日本に対して疑い恐れる感情を持つようになった。日本と中国は同じ大陸に位置し、同じ人種、同じ文字を使っており、唇歯輔車の関係であり、日本が中国を滅ぼすことは、日本にとっても大損害なのである。また、中国が日本を敵視することも、中国にとっては不利である。これは、中国人本位に立った説であり、当時の文章の主旨でもある。

三　中国を支え助けることは日本における天の使命

今回は第三回東方平和論である。今日の日本の対中関係は重大ではあるが、実は一〇年前と同様である。最近、日中の経済上の関係はますます密接になり、利害は以前と比べてもさらに切実になっている。中国は崩壊するという心配があるが、それが日本に与える損害も甚大である。今日の日本の国際貿易額は、中国よりも少ないが、中国は生産性が低いという理由で、必要な物資の多くを日本から供給してもらっている。それに加えて、人口の多さとその人口の激増により、中国はついに日本最大の貿易相手国となり、将来ますます盛んになる見通しである。今日の日本は債務国という立場で債権の負担に苦しんでいるが、将来的に対中貿易はますます盛んになり、やがて債務国から債権国へと転換できるだろう。よって、この日本にとっての大市場が崩壊するという災いが起きれば、日本の貿易も必ず最終的にストップしてしまうのである。これを心配しないということがあるだろうか。またこれは目の前の小さな損害に過ぎず、もし中国が本当に滅亡すれば、西洋の新勢力が日本の対岸にある大陸に現れ、日本帝国の領土保全ができなくなるという危険が現れる。日本は今日の財力を守り、おとなしく孤島に撤退し、無限に増加するその人口を維持したくても、それは絶対に不可能である。これはとりわけ日本にとっての永久的な深い憂いであり、全く恐ろしいことである。よって、日本は中国に対して有する発言権を、いつまでも強硬に維持しなければならないのである。

中国の安全を守り、中国文明を啓発することは、東洋の平和を維持するための基本であり、日本における天の使命である。放棄したくてもできず、奪いたくても奪えない。それは、日本と中国は同種同文で、経済上の関係は世界中ではるかに優れており、思想や感情、風俗や習慣については同じ起源を持っているからである。両国の人口の合計は、白人の総人口に十分匹敵している。このように偉大な民族を以て、仮に互いにつながり合えば、西洋諸国と向かい合って共存し、世界に東洋文明を誇示することも難しくないのである。日本の文明の程度は中国にとっては一日の長であり、助けや支援を行い、中国を最高の文明国に向かって前進させることが、日本をおいて誰に任せられるのだろうか。これは天が日本に命じたことであり、道義上断ることができないからである。したがって、日本の対中政策については積極的な態度を取るべきで、消極的に行うものではないのである。

四　民国政府の無力

ここでの説は全て、どれも昔主張したことのあるものだが、事実上、決して簡単に発言しているわけではない。今日の中華民国政府は、成立こそしているが、その所謂成立は形式だけで力が伴っていなかった。体制は、王政であっても、帝政であっても共和制であっても、問題として取り上げられなくてもよい。質問するべきことは、中国の実力がはたして世界の競争の場でなおも存在できるかどうかである。そこで、試しに今日の中国政府を見ると、その力の弱さは極まっており、財政は清朝と比べても困窮していた。借款に頼らなければ、一日として独立国としての体勢が保てないのである。中国の行政をみれば、少なくとも六億元の歳入が必要であることが分かる。しかし、実際の金額を調べてみると、わずかその三分の一しかなかった。不足分の四億元は徴収できるものではなく、債権国への借款に頼るのは当然ながら必至の流れではないだろうか。

中国という民族は古くから税の徴収が困難な民族であった。その性根がケチだというわけではなく、昔の聖人でも税の徴収を非難し、それを横暴な暴虐政治の表れとして罵ったのである。それは、中国の歴代帝王が租税によって土木建築や衣食の贅沢をしていたからであり、役人も皆、これを頼りに土地を購入し、子孫の今後を思って財産を増やそうと企んでいたのである。よって、この所謂租税とは、権力者の欲望を埋める以外に、何らの意味もなかったのである。これは実際に中国で代々伝えられてきた弊害であり、立法家、道徳家は、よく税の徴収を暴政の象徴であるとし、上には帝王を風刺し、下には官僚を戒めるために使用した。また、税の徴収を、私利を営むこととみなす観念は国民の脳の中に深く入りこみ、二度と抜けなくなっている。したがって、昔から中国革命において免税を宣言しない者はいなかった。すなわち今回の革命も、その使い古した計略を試したのである。やれやれ、租税とは普通は国家の利害と一致するものであって、ゆえに国の平穏を守り、秩序を保ち、国益と国民の幸福および外国の侵略と圧迫に対する備えを増強するものである。これがなければ、国家は一日として存立できない。税の徴収の目的はこれだけなのか。

五　無権力政府はこれからどうなるか

文明国の政治には多額の資金が必要である。つまり、租税を必要とするのである。中国人の租税に対する観念は、文明国の政治との共存が難しい。中国がもし文明国の政治を行いたいのであれば、これまでの思想を排除しないわけにはいかず、同時に政府の権力も増大させなければならない。世界のどんな国でも、喜んで納税する国民はまだいない。よって、税金の徴収については、実は強制という意味があるので、中央政府は圧倒的な権力を持たなければならない。中央政府の権力は常に一国の平穏と秩序を維持するために十分でなければならない。もし、納税したがらずに平穏と秩序を妨害する国民がいる時は、国は全力でこれを威圧しなければならない。現在国民政府はこのような状況に出くわすと、その歓心を買うために、ただ人民に同調することを知っているだけである。辛亥革命以降、中央が徴収した税金は、二〇〇〇万元に過ぎず、地方はすでに納税しておらず、中央は何を以て成立するのだろうか。かくして借款をおいて他に方法がなかったのである。ああ、全力の革命を以てしても、中国の従来の頑固で、でたらめな思想を打ち破ることはできず、この現象は、これからずっと長い期間を経ても変わることはないのである。これが、今日の中国の国運が日に日に緊迫する所以である。

六　借款全盛期の現状

現在中国の一八の省のうち、対外債務のない省はない。当初、借款できるのは中央政府までで、各地方が自ら借款することを厳しく禁じられていた。しかし、地方は中央に対して何度も行政費用を求めたが、中央は承諾することができなかった。そこで、やむを得ず地方の政治借款を除く経済借款を許可したのである。今日、各地方に鉄道や鉱山を担保にした大小の借款があるのは、すなわちこれによるものである。その間、西洋の企業家および投資家が入り乱れ、それぞれ気まま勝手な方法で互いに競い合い、ついにリベートの負担が重くなったのである。リベート、すなわち欧米で言われているコミッションCommission〈日本では手数料と呼ばれている〉については、一種の商業界の習慣にすぎないのだが、今日中国では規律的ではないため、大きな弊害となっている。それは、中国人が、金に触れると必ずそのうちのいくらかをポケットに入れるような性格だからである。このような悪習の根はますます深くなってしまい、今日に至っては、たとえ聖人であっても禁止することができないのである。中国の現状は、まるで大金持ちが大衆にばら撒くために、その宝箱を開けているようである。求めに来るものは、すでに入り乱れ、中央と地方の大小の役人もまた、利益を得ることを楽しみにしているのである。それゆえ、その借款運動はますます盛んになるのである。

七　中国に対する日本の位置づけ

借款全盛期の中国の将来はどのようになるのであろうか。欧米の資本家は、経済上の巨大な利益により、突然ここに集まってきた。利益と見るとすぐに、異常な投機熱が瞬く間に起こり、ヨーロッパ市場は、何度もそうした動きに乱されてきた。しかし、最初は先を競って請け負っていたが、資本注入が極限に達し、その後は意外にも本分以外の利益が少なくなり、利子はいつものように延滞や不足になった。そこで、個人的な関係から国家の関係に転換し、社員を派遣し財政を監視する事態が起こった。こういった過程は、エジプトのそれと非常に酷似している。ただ、エジプトの巨額の借款はイギリス、フランスがトップで、その額は中国の一〇分の一にも及ばなかった。イギリスとフランスは国境も近く、両国ではエジプトが破綻してすぐに紛争が起こり、それは三〇年間にも及んだ。最近では次第に互いが妥協しあうようになり、その関係は再び復活したのである。現在の中国が借款関係を結んでいる主要国は、イギリス、フランス、ドイツ、アメリカ、ロシア、日本の六か国で、これらにベルギーやオランダが続く。アメリカは新たに六か国借款から抜けたのだが、中国に対してはいまだに債権国である。よって、やはり六か国と呼ばないことはできないのである。この六か国中でも、最初はロシアと日本はなく、四か国だけであり、しかも日本の金額は最も少なかった。しかし利害関係では、実は日本が一番大きかったのである。距離から言っても、日本と中国はわずかに一衣帯水の隔たりであり、たとえどの国でも、このように接近している国はないのである。また、中国境界内を航行する外国船の数は、イギリスが一位で、日本は二位である。現状に基づき将来を推測すると、日本は必ず徐々に盛んになり、イギリスを超えるだろう。よって、航海上、貿易上からみれば、日本の中国における重要性は日に日に高くなるのではないだろうか。六か国の中国に対する関係は、まだ日本ほどの親密さはないのである。

八　中国を奪う難しさ

最近、中国河南省で白狼[9]と呼ばれる匪賊が現れた。河南は古くから中国の中心にあるとされ、白狼匪は、そこで興り、至る所まで勢力をのばし、焼き払い、奪い去り、暴れまわり、突き進み、鉄道を取り壊したため、商業は妨害され、交通は遮断された。中央の軍事力は弱く、すぐにはこれを平定できず、中国に投資している国々は、二度と民国政府を信用しなくなり、自分の投資利益については自分で保護防御策を取りたがった。その策は何だろうか。すなわち、中国の領土を占領することである。しかし、中国の領土を占領するのは非常に難しいことである。中国における税金徴収の難しさからすでにそれを垣間見ることができる。もし列強が盗賊を討伐し、その暴動を抑え込みたいならば、必ず軍隊や財力を動員し、歳月を要し、一朝一夕で功を奏するものではないし、場合によっては利益がないばかりか逆に損失を被ることもある。また、食料や弾薬の費用は、投資国が負担するものではないことは言うまでもない。また、自国の利益を守るために政府に資本を投入させることは、理屈的に不当だということではないが、これは必ず国際間の制約を受け、一国が自由にできないものである。たとえそうではなくても、中国本土の四億の国民を軍事手段により統制したいということは簡単に言えるのだろうか。それこそ、私が三度も東方平和論を重ねて発表した所以である。たいていの欧米諸国は、中国に対する観察研究について、いつも間違っており真実を得ていない。最初はこれを恐れ、次にこれを侮り、侮辱の後に分割の念頭が現れ、その後、その非を悟り、あっという間に経済上の利権の獲得を図ることになる。中国の利権挽回説が日に日に拡大することは、意外にも列強の想定外であった。アメリカ人は広東の鉄道建設を画策し拒否され、ドイツは山東の鉱山の開発を画策し拒否された。そこで初めて利権獲得の難しさを知り、中国の事業に資金の貸付をする計画を開始、望むものは何事もなく獲得しつくした。この計画は、一方では中国人の自尊心を満足させ、もう一方では十分な利益を得ることができた。ちょうどその時期において革命が起こり、民国政府は金銭不足が原因で、進んで列国に資本や物資を求める。そのかわりに、列国にたとえどんな利益でも提供したがっている。かくして、今になって資本征服という言葉は意外にも現実となったのである。列強が中国に対して資本開発を盛んに企むことは、確かに将来最も希望があり、最も利益を得られることであろう。

九　誰が侵略の野心を抱いているのか

侵略の態度を以て中国に接する、その困難はすでにかくのとおりである。これまで列強の中には、中国に対して野心を抱いている国は少なくなかったが、今日ではすでに存在しなくなった。世界の人々はロシアのモンゴル経営のたびに言い争い、未だに終わりを知らない。しかしロシアとモンゴルの関係は一朝一夕の間柄ではない。それは、二〇〇年の間、モンゴルがロシアに侵入し撃退されて以来、コサック人がモンゴルに侵入するという反動が始まったからである。ピョートル大帝のあと、ロシア国民は頻繁に外モンゴルでモンゴル人、タタール人と接触した。回疆部〔新疆天山の南山麓一帯を指す〕および新疆伊犁などに住んでいるタタール族は、よく天山を越えてロシアに入り、中国に対して独立を宣言したこともあった。また、地勢について言うと、これらの土地から中国とロシア両国との距離は、ロシアの方が中国よりも近いのである。たとえば外モンゴルからロシアに向うと、水路では汽船があり、陸路ではシベリア鉄道が走っているので、交通が非常に便利である。よって、モンゴルがロシアと親しいのは、自然の状況だと言える。まして、モンゴルの土地は水や草が豊富で、そこで人々は遊牧をして生活している。水や草を追いかけて住んでいた時代、何度も中国と衝突し、中国の下に屈服していた。そして背後のロシアと交渉したからには、再度前方の中国には譲りたくないのはいうまでもない。そもそもロシアのモンゴル経営は歴史上の事実であり、すでにそうなっているのである。よって、今日の侵略に大した利益はないが、五〇年来、モンゴルはとっくにロシア勢力の範囲に入っていたのである。これはピョートル大帝以来のことであり、最後は愛琿条約〔アイグン条約〕により中国の領土となったが、その間も何度かロシアの領地へ入り込んだ。さらに、モンゴルが中国とロシア両方に属すると思っている不思議な者は、時には中国に対して軍事行動を起こし、独立国と偽って中国の統治を受けない。一年前、私は中国に対して、藩地や属領では宗主権を放棄し、これを独立させるべきだと忠告したが、あちらの国の当局は聞く耳を持たなかった。これが、今日の窮状の所以である。

さらにチベットと他の国との関係を見ても同様である。もしチベットが他国に属するようになると、地勢においてインドにとっての脅威となる。チベットはイギリスにとってインド防衛上の重要な地域である。よって、イギリスは断固としてチベットが他国の手に落ちないようにする。一方、チベットをインドの領土内に収めることは非常に難しい。それゆえ、チベットに対してイギリスは、ただチベットが他国の勢力に帰属しないように願うだけで、特に略奪するという考えはなかった。イギリスがもしそうであれば、その他諸国は、誰が敢えてその間に手を出すのであろうか。中国の南方に対するフランスの態度も同じである。フランスが今日ベトナム北部を領有したとしても、利益を得るどころか逆に困難だと感じたであろうし、かつての失敗を今後の戒めとする暇さえなく、どうして中国の領土を取ろうと願うであろうか。ドイツに至っては、はるばる中国との距離をカバーすることさえ困難であり、中国で領地を獲得しても大した利益はなかったのである。よって、列強の態度を広く見渡すと、今日中国に対して領土をほしいままにする野心家は決して存在しない。それらの国が抱いていたのは、特に商業関係の征服政策だけだったのである。

一〇　イギリスの世論を導く

中国の将来は、列強の経済的な野心によって、必ず多くの混乱が発生し、列強の間でも激しい競争が起こる。その結果、きわめて強力な利害対立が起きるのは必至で、これにより東洋の平和が妨害され、中国は非常に困窮する運命に陥る。そうならば日本は決して後退すべきではなく、積極的に中国への支援を自分の責任とすべきである。対岸の大陸には四〇〇〇年の文明と四〇〇〇年の歴史を持つ大国があるが、遅かれ早かれ不幸が起きるであろう。我々大日本帝国をおいて、誰がもう一度中国をこの不幸から救済する責任を果たせるのだろうか。この責任は、力の問題、金銭の問題だけでなく、実際には同文同種で、思想や感情、風習や習慣全てが日本と同源である民族の問題でもある。日本と中国は国境が隣り合っている。何か起こった時、直ちにその国民の平穏と秩序を守る力がある国は、日本以外にほかにあるだろうか。特に日本軍が中国国境に臨めば、往々にして誤解を呼びやすく、誤解は嫉妬になり、嫉妬は動乱を起こす。よって、列国の誤解を避けることは実に重要なことなのである。日英同盟は中国の安全を守り、中国がバラバラに崩壊するという不幸を防ぐことを可能にするのである。その中で、日本が実に主導役であり、責任の要を負ったため、他の国はしばらくの間、論外である。同盟国のイギリス人に、日本の誠意を理解させないわけにはいかない。しかし我々は許すことを知らないとしてイギリス人を責めるべきではない。進んでその理解を求めなければならない。理解を求めるためにどうすればよいか。すなわち、努力してイギリスの世論を導き、我々の誠意の所在、また、我々の責任はどのようなものなのかを、深く知ってもらうことである。もし仮に十分な理解を得られる状態になれば、日本の対中政策は何の心配もなくなるだろう。これは我々が当然努力すべきことである。

一一　今回の革命の損失

中国の現状は、すでにどうにもならない。賢い人でも救えるものではない。中国は古来より武力により統一された国である。しかし、二五〇年続いた清朝の転覆は知恵によるものであって、力によるものではない。これは我ら異国人とは無関係で、評価を下さなくてもよい。ただ中国は、これまでの間違った思想を洗い流し、十分な租税を徴収し、現代国家の建設を行い、国家を安定させる計画を立てられるよう願う。中国の国力の弱さは、実際は租税の少なさであり、その原因は、まずは税金徴収能力のある役人がいないことにある。試しに徴収した塩税を見れば、このことがはっきり分かるだろう。中国の役人が自ら税金を徴収する時、その額はごく僅かだったが、現在の五か国「イギリス、フランス、ドイツ、日本、ロシア」承認後、イギリスが担当者を派遣し税金徴収を監視した結果、予想外の税収を確認できたのである。二回目の借款のとき、はじめは塩税を担保とし、それはわずか二億五〇〇〇万ポンドだけであった。今回の増収後、五億ポンドの担保が可能であり、恐らくさらに二億五〇〇〇万ポンド借りることができるであろう。塩税はこのような状態で、中国は六、七億の税を徴収することは、実際は非常に簡単なことと思われる。中国にもし完璧な税法があり、才能ある役人を得て、さらに私腹を肥やすという弊害を排除することができれば、このような大国であるため、一〇兆以上の租税の徴収は難しくないだろう。しかし、長年の弊害の存在は短期間で改善できるものではない。故に、今日、まずは良い習慣を身に付け、しばらくは手厚い褒美を与えることで役人を励まし、それと同時に規律ある軍隊の警官を配備し、盗賊の動乱を平定、国民の平穏と秩序が維持できるようになれば、汚職役人はなくなるのではなかろうか。そうすれば中国は強国の仲間入りができる。このようなことは、革命のような武力で解決できるものではなく、外国の力を借りなければならない。

一二　日中の提携は先天的な約束

一六、一七世紀のヨーロッパで取られていた政策は、今となっては無用になってしまい、放棄されたものに過ぎない。私は世界において白人以外の人種は必ず白人と同等の立場に立てると深く信じている。我々と同種の中華民族に対しては、友誼に基づき全力で救済策に取り組み、偉大な新文明を発揮させなければならない。西と東でそれぞれ互いに輝く、これが我々日本人の目的なのである。この目的に向って、中国がたとえどうであれ、日本の友人とすべき、唇歯輔車の関係を急いで築かなければならない。中国は日本のバリアであり、バリアが取り払われると日本の国運もすぐに危篤状態に陥る。いま、中国は存亡の危機、勝負の時期にあり、一時の余裕もない。我々日本は先進的立場にあるので、一刻も早く計画を立てその危機を救わなければならない。これが、私が東方平和論を三度も繰り返した所以である。

第一一巻第一号　一九一四年七月一日　二三頁〜三六頁

章錫琛「日本政界の騒動」

一　政治紛争のたくらみ

日本では桂内閣の転覆、山本内閣の成立以来、まもなく一年になる。当時山本は薩摩閥として激しい政変の余波を受け止め、政友会の推戴により、ようやく連立内閣を成立させた。一年の間、民党の増長、財政上の困難、陸海軍の衝突、反対派の敵対など、至る所で妨害があった。成立当初、識者は最初から長くは続かないと見ており、案の定わずか一年二か月継続しただけで、桂内閣と同じ失敗を繰り返したのである。

山本内閣の転覆は、実に海軍の収賄事件が導火線となった。そして、その主因は財政の困難であり、動機は予算の不成立にある。さらに、藩閥により人心を失い、前の桂内閣と前後して同じ失敗を繰り返した。日本閥族の跋扈、薩長両閥の競争について、本誌は以前詳細に記述している〈第九巻第一一号の「記日本大政変」を参照〉。桂内閣の失敗以降、長州閥の勢いは挫かれた。薩摩閥の山本は、桂に取って代わった。その勢力は次第に盛んになったが、財閥を憎む民心は薩長どちらに対しても同じだった。政友会から多くの支持を得たため、山本内閣は一時安定した。〔一方、〕桂は引退した後、勢力を回復させるため、別の日に仲間と新党を組織せんとし、薩摩閥〔へのリベンジ〕を少しも忘れてはいなかった。桂が逝去した後、その仲間は遺志を継ぎ、積極的に行動し、野党の諸政党と共に内閣側の様子を注意深くうかがい、隙を見てこれを責めようと企んでいた。よって、山本内閣は成立以来、常に不安定な情勢の中にあり、隠れた災いの兆候もみられた。ちょうどその時、海軍充実計画の一億六〇〇〇万円の新規要求が大正三年度予算に盛り込まれた。また、海軍収賄の重大事件が暴露されたのもこの時であり、どれも国民が疑いや怒りを持つようになるには十分で、敵対政党に口実を与えたことになるのである。そして、議会の弾劾、国民の暴動が同時に発生した。海軍の予算計画はついに貴族院において破棄されて、山本内閣には一日も平穏無事な日はなかったのである。

二　政党の分裂合併の形勢

日本の政党はかつて立憲政友会および立憲国民党がもっとも有名で、とりわけ政友会が優勢であった。昨年桂太郎が武断派を以て西園寺の政友会内閣を打倒し、これに代わっておきたため、政友会の敵視を大いに招き、国民党の怒りも収まらない。そこで両党が連立し憲政擁護会を結成し、ついに桂内閣をひっくり返したのである。当時、政党の勢力の偉大さを知っていた桂は、これらに対抗するために自身で新党を組織した。結局、内閣が転覆されたため何の役にも立たなかったが、政界引退後も結党を継続して行い、後日報復するための準備を企んでいた。桂の死去後、その仲間が彼の遺志を継ぎ、ついに結党に成功した。これが立憲同志会である。山本は組閣時に政友会の政治綱領を遵守すると宣言した。山本自身以外の閣僚がみな政友会に入ったので、政友会と山本内閣の関係は深まった。しかし一方で、同志会と政友会は政敵となった。国民党ははじめて政友会と協力して桂に敵対し、世論の要求に応じるため政党内閣を組織した。しかし、政友会が薩摩閥と連携して山本内閣を成立させたことにより、山本内閣は依然として藩閥的な性質を持ってしまったのである。よって、両党は提携を断絶し、それぞれ日頃の主張を徹底するようになった。政友会の尾崎行雄などの過激派も、自党の行動に対して不満を持っており、離党届を準備し政友会からの脱退を宣言、政友倶楽部を別に組織し、その後、中正会へと変化したのである。中正会と国民党は依然として結束し憲政擁護運動に従事した。よって、山本内閣成立後、政友会と対立するのは、実際には国民党、中正会、同志会の三党であったが、政界における勢力を握っていたのはやはり政友会であった。三党の中に敵対できるものはいなかった。

三　税廃止運動の失敗

明治維新以来、日本国内の財政は日に日に困窮していった。日露戦争の結果に至っては、困窮はますますひどくなっていった。財務役人は国民に要求する以外他の方法はなく、人々の負担は日に日に重くなっていったため、税廃止を要求する運動が行われるようになった。そもそも国民は国家の主体であり、国民が国の使うものを負担するのは本来道理から言っても当然のことであり、これを逃れることは情勢が許さないのである。しかし、為政者はまずは国民の財力の苦境を考慮しなければならず、その後負担を要求しなければならない。たとえば重い負担を強いられたか弱い病人は、にわかに死ぬことでなければ、切羽詰って向こう見ずな行為をするだろう。まして、日本は近年飢饉が立て続けに起こり、災害が頻発したため、国民の財力の困窮は限界に達していた。それにもかかわらず、この政権は西洋の理財家の学説に基づいて国民に重税を課したのである。たとえば米穀輸入税、営業税、所得税、通行税、織物税、石油消費税、塩専売税などがあり、国用のため、国民の財産からとれるものなら、すべて徴収してしまう。日本民族は本来命令によく従うことで知られているが、耐え切れない場合、重荷を下ろしたいという思いは、日増しに切実になってくるだろう。そこで、憲政擁護会はまず、民意に合わせて税廃止の全国同志会を結成し、減税を要求する運動を行った。立憲国民党、中正会、立憲同志会などは、みな減税の主張で一致した。また、各地の民衆団体、たとえば通行税廃止会、営業税全廃同盟会、連合廃税会、全国商業会議所連合会などが相次いで設立され、減税の声は国中を騒がせた。国民党は田畑地租の軽減、米穀輸入税、営業税、通行税、織物税、石油消費税、塩専売などの廃止を主張、中正会はこれに賛同し、同志会は営業、通行の両税の廃止を主張した。減税を要求する行動は、次第に実行段階に移っていった。一月二四日、国民、同志会両党の議員は、ついに衆議院で減税廃税議案一二案を提出、力を尽くして営業税、通行、織物消費税、石油消費税、塩専売法などの弊害を攻め、ならびに廃止の緩和不可の意見を述べた。中正会は三〇日に織物消費税の軽減および通行税の全廃両案を提出した。その後、国民、同志、中正の三党は再度互いに協議し、営業、通行、両税の廃止案について、足並みをそろえることを決定した。三党は、連合した以上、当時は威勢がよく、勝つまでやめないという態度が幾分あった。しかし、果たして実行されるようになると、大正三年度の税額は、一億五〇〇万円以上の減収となり、政府が困窮の立場に立たされることとなった。政府が計算した総減税額はわずか六〇〇万円で、その差額は一億円にも達した。ただこの時、議会の議決権を操ることができるのは政友会だけであった。政友会の主張は、わずか一五〇〇万円の減税であった。二月一二日から一七日まで、連合した三党と政友会は、衆議院において廃税問題についての争いを続け、投票箱の破壊にまで至ってしまった。その結果に及んでは、政友会がとうとう勝利し、国民、同志両党によって提出された悪税廃止諸案は一つ一つ否決され、数カ月のやかましく乱れた廃税運動は完全に失敗に終わった。衆議院で廃税案を議論する初日、すなわち弾劾案失敗後二日目、二月一二日の午前、廃税同盟会会員と各地の廃税運動家がデモ行進を行い、構内に入ることを求めたが拒否され、さらに代表を派遣し衆議院議長に謁見させた。ほどなくして、二〇〇〇人余りの群衆が集結し、議院の門を包囲し、政府、新聞社および派出所に突入、それらを破壊し、警官ともみ合った。政友会議員の武藤金吉は、暴徒により殴られ負傷した。警察庁は激怒し、夜一〇時に警官一〇〇人余りを出動させ、各地で暴徒化した民衆三四〇〇人を次々に逮捕、厳しい取調べを行い、終わると指紋を取って釈放した。これ以降、集結していた者は次第に散って行った。この日の暴動の激しさは一〇日の弾劾案否決後と同じくらいであった。三日以内に東京で二回の混乱が起きたことは、まことに日本の大変な不幸である。

四　海軍収賄事件の顛末

日本人の廃税要求は、その軍事費の巨額さに深い憤りを感じていたからであり、国民を困難から解き放つためにこれを削減したかったのである。しかし政府は本年度予算案に海軍充実計画を盛り込み、その費用は総額一億六〇〇〇万元になり、国民の憤りを招いただけでなく、とりわけ陸軍派から怒りの目で見られるようになった。ちょうどこの時、海軍収賄事件が勃発し、反対するものはこの事件の真相をすぐに追及することもなく、好き勝手に海軍の腐敗を攻撃した。また山本内閣はついに矢を集めるための的になってしまったのである。

最初、ドイツシーメンス電気日本支店の社員カール・リヒテルが、会社の秘密書類を盗み見し、支社長ヘルマンに増給を要求したが、これは許可されなかった。リヒテルは間もなく解雇され、秘密書類を盗み、巨額の金銭の恐喝を企んだ。書類は東京ロイター通信社の社員プーレーの手に渡った。すなわちこれが日本海軍収賄事件に関する書類である。リヒテルはすでにドイツに帰国し、ベルリン裁判所で起訴され、恐喝罪で懲役二年に処せられた。事件は決着したが、日本海軍収賄事件は世界中に広まってしまった。

海軍収賄に関する書類は、全部で数通存在する。一九一一年七月一五日、ベルリンシーメンス本社のケスレルは、東京支社支配人であるビクトル・ヘルマンに打電した書類において、「以前岩崎少将と結んだ契約は今でもまだ継続して行われている。最近ロンドンと藤井少佐の間で新たに結んだコミッション契約は、軍艦の造船一隻に付き五パーセントのコミッション、その他の発注には二・五パーセントで、実際には一致していない」と言った。ヘルマンは、藤井少将は非常に勢力があり、彼の欲を満たすためにやむを得ずコミッションを高めたと返電した。また、ロンドン支社から東京支社への書類では、日本の駐ロンドン海軍委員の井出大佐は発注価格を下げたかったと伝えた。しかし東京支社は、話すこと勿れと頼み、当社と関係のある日本海軍省の職員は、実際には圧倒的な地位を占め、当社のために全力を尽くしたいと願っていると伝えた。なお、全ての海軍省の特派員は、もし当社に反対すれば、すぐに何とかして免職する。これら全てが秘密書類の海軍に関わる事実である。

事件はすでに起こってしまい、日本の全国民は高貴な軍人がこのような腐敗した醜い道徳観だということに憤慨した。一月二六日、衆議院議員島田三郎は、ついに衆議院予算委員会で質問に立ち、ロイター通信社社員プーレーが二〇万元要求したことを耳にしたが、なぜ追及しなかったのか尋ねた。内務大臣原敬は、犯罪が未確定で、慌てて干渉することはできないとして断った。山本首相は、真相がはっきりしておらず、ゆっくりと明らかにしていくと答弁した。二九日には、衆議院議員花井卓蔵によって、再度緊急動議が提出され、国務大臣に対して、国会に出席し海軍収賄事件の真相の説明をするよう求めた。各大臣が議会に出席し、斎藤（実）海軍大臣がこの事件の顛末を詳細に述べた。発言の概要は以下の通りである。

「昨年一一月一七日、シーメンス社のヘルマン支配人がドイツ総領事フィル〈注―フィルは領事館の通訳で、総領事ではない〉と一緒に海軍省を訪れた。フィルはまず、通訳のために訪れたことは認めたが、公務ではないと否定した。聞くところによると、シーメンス社の秘密書類が盗まれ、同時に外国の通信員の手に渡ってしまった。その人が多方面に対して脅迫し、多額の金額を支払わなければ近く公表すると言ったので、ヘルマンを通して二五万元を支払い、秘密書類を回収したのである。書類では多くの日本海軍長官が関わっていたので、海軍省全体の名誉のため、事態をうまく収められるよう願う。本大臣は、この件に関して発表するか否かは問わないが、職責は調査されなければならないと答えた。よって、すぐ警視庁に密告し詳しく捜査を行わせたが、間もなくこのような事はなかったと返答された。そこで、再度在外の監督官を内密に訪問させ、海軍省内に特別に設けられた調査委員会も調査に臨んだ。最近、シーメンス社は当省当てに書類を送付、この事を否定したが、ドイツ側はすぐに法廷の判決文をよこし、シーメンス社は日本海軍省への贈賄がなかったと明言した」

話が終わると、ドイツ法廷の判決文およびシーメンス社の手紙と電報が読み上げられた。しかし、各議員はその答弁が国民の疑問に十分答えていないとして集団で非難した。さらに、島田三郎議員は、海軍大臣が述べる外国通信員とは、すなわちプーレーではないのかと断固として質問し、海軍大臣はその通りだと認め、ほどなくしてプーレーが逮捕されたのである。ちなみに、プーレーは島田三郎議員を名誉棄損の罪で訴えることにすると公言した。理由は、島田議員が自分を訴えたことがあるからだという。

プーレーの逮捕は一月三〇日のことである。彼はまず取り調べを受け、裁判所検事小原（直）により起訴されるに至り、東京監獄に収容された。自宅も捜索され、彼の夫人ローランも召喚され、事情聴取された。帰宅後、怒りから自殺を試みたが助けられた。そして、シーメンス支店を捜査し、支社長ヘルマンおよび社員である高木澄三郎、吉田収吉などが相次いで投獄された。海軍査問委員会が二九日に成立し、海軍大将出羽重遠を委員長とし、吉松茂太郎中将など一一人が委員を務め、藤井、岩崎（達人）両名を召喚し質問した。三月一七日、海軍機関少将藤井光五郎は免職され、軍法会議に付され、岩崎少将、沢崎寛猛大佐および呉鎮守府司令長官松本和中将、呉工場長村上格一中将、横須賀機関学校長武田（秀雄）機関中将などの私邸および徳山の海軍練炭所は、相次いで捜索を受けた。二月二三日、査問委員会は尋問終了で閉会し、全ての証拠文書を東京軍法会議に引き渡した。軍法会議では予審後、鈴木（周二）海軍中将を拘置、免職した。また、岩原謙三三井物産常務取締役は海軍事件に関わったとして令状が出された。ほどなくしてシーメンス社の吉田収吉は獄中で自ら命を絶ち、ますます外界の疑念を生むこととなった。また、内閣弾劾の声は、この時すでに全国を賑わせていたのである。

内閣弾劾についての議論は、憲政擁護会から発せられたもので、すなわち国民、同志会、中正の三党の主張であった。三党は連立しているだけでなく、度々各地で会議や演説を行ったので、全国民の中で、海軍内部の腐敗を知らない者はほとんどいなかった。なお、これは内閣が存立できない理由とされていた。二月七日午後、三党連名の政府への弾劾決議案は、ついに衆議院に提出され、一〇日の議事日程に上げられることが決定した。この期に及んで、日比谷公園ではまず午前中に民党への声援のため国民大会が開かれた。午後一時、衆議院が開かれ、門の外には民衆が集まっていた。議会の傍聴席は隙間のないほど混雑しており、警官も軍装で警備を行っていた。不信任決議案が提出された後、三党と政友会は互いに反論しあい、次第にわめき声や怒鳴り合いになり、秩序は大混乱した。最終的に投票による採決が決定された。この日、出席した総数は三六九票で、反対二〇五票、賛成わずか一六四票となった。賛成は全て三党の議員で、反対派政友会の議員が二〇二票を占めていた。そこで三党の不信任案は結局失敗に終わったのである。報告終了後、院外の国民の熱狂は極限に達し、群をなして構内に押し入り、鉄の扉を破壊した。かくして国民と警官のもみ合いが起こり、竹の杖や下駄を投げて警官を攻撃、双方ともに多数の負傷者を出した。民衆はどんどん集まってきて、ついに互いに連れあって政府の新聞社を攻撃、政友会本部を襲った。電車を止め、警察署を取り囲み、警察の派出所を破壊した。その勢いは海水が沸騰しているようで、警官は剣を抜き人民を攻撃、東京日日新聞記者橋本繁が負傷した。その他にも無数のけが人が出ており、警察に捕まった人民は百数十人にも及んだ。この時の東京の混乱は戦乱と同じ状態だっただろう。

内閣弾劾の運動は失敗に終わったが、警官の暴行問題が発生した。警官の暴行問題により、さらに内務大臣弾劾の動きが現れた。東京日日新聞記者が攻撃されたことで、新聞記者団は非常に憤慨し、一三日午後、東京築地で会議を開き、原敬内務大臣に文書を送り返答を要求した。間もなく返答が来たが、全く満足できるものではなかった。また、東京朝日新聞記者は政友会の党員に殴られたので、新聞記者団はますます怒り、連日会議を開き運動を展開し、原敬に内務大臣の職から去るようにさせた。また、国民、同志会、中正三党は、この激動の情勢に従って、内務大臣弾劾を決議した。原を排除することで、内閣解散という初志を果たす意図であった。しかし、原は政友会の中堅議員であり、政友会の議員は、衆議院の多数派である。よって、この議案も実に内閣弾劾決議案と同じものだといわざるを得ない。二六日の内相問責決議案に及んでは、すぐに衆議院に提出され、論争終了後、投票で表決され、再度二〇三票対一五二票の否決多数であった。ここをもって民党運動は全て失敗に終わったのである。

海軍の一人二人の軍官による不正が海軍省全体の疑いを招き、内閣にまでおよび、弾劾決議案が提出されるに至った。民衆による暴動が狂暴化したのは、そもそも日本人の神経が過敏になっていたためであり、どうしても盲動的な主張だったと言わざるを得ない。これは軍人が関わっており、その他との関連も大きく、かつ、長きにわたる役人と国民の重苦しい衝突によるものであった。内閣はとうとう政友会の力を借りて動揺せず、多くの民意がこともあろうに少数の役人の勢力にはかなわず、所謂主な海軍問題は、依然として徹底的に解決されていないのである。しかし、この事件の影響はますます大きくなり、当局は処分の審議を慎重に行わないわけにはいかなくなった。

二月一〇日に、衆議院では内閣弾劾決議案否決後、貴族院がまた一六日に海軍問題について厳しい質問を行った。この日、首相および閣僚全員が出席し、まずは田健治郎男爵が、この事件の被告は誰かと質問した。海軍の斎藤は沢崎寛猛海軍大佐および藤井光五郎海軍機関少将両名だと答えた。田は再度、海軍大臣および内閣に責任を負うか否か質問した。山本首相は、犯罪内容がはっきりするまで責任の所在を断定することはできないと答えた。曽我（祐準）子爵が査問委員会および司法省の調査結果を質問したが、結果は後日にならないと分からない。奥田義人司法大臣はこれについて、現在予審中、あるいはまだ捜査中であり、内容はまだ明言が難しいと答えた。ただ、一月二九日にプーレー被告の事件について起訴することが決定している。二月二日、ヘルマンが予審に付せられた。一一日、吉田収吉が予審に付せられた。七日、沢崎大佐の調査書類が海軍省に返還された。ヘルマンが要求した贈賄の予算および藤井少将等の事件についての証拠は、それぞれ七日、一五日に海軍省に送致された。その他は全て捜査中で、いつ判決が下るのか断定するのは難しいという。これ以降、両院は何度も質問に立ったが、その結果は大体同じで、国民にとっては、山本首相が疑わしい地位にあるので内閣は責任逃れできないのであり、内閣にとっては、事件がはっきりしないうちは責任の所在を知ることはできないということである。ほどなくして、内閣はついに海軍充実問題の予算不成立で総辞職した。この事件は、今までずっと未解決のままである。しかし、四月六日、東京地方裁判所が発表した予審決定書は、シーメンス事件について、ヘルマンに証拠隠滅罪、賄賂提供罪で判決を下した。プーレー、ブランデル両名に贓物故買恐喝罪で判決を下した。権藤震二、上田碩三両名に贓物収受罪で判決を下した。また、他にはヴィッカース事件において、飯田義一、岩原謙三、山本条太郎等三名には、文書変造および偽造の行使詐欺並びに賄賂および有価証券偽造の罪で判決を下した。松尾鶴太郎に有価証券偽造、賄賂の罪で判決を下した。松野徳哉、加納宗三郎両名に文書変造、偽造、証拠隠滅罪で判決を下した。長谷川直蔵に証拠隠滅罪で判決を下した。その判決書は、海軍武官沢崎寛猛、松本和に関連している。その後、海軍省は、藤井光五郎海軍少将の罪状を公表した。以下のとおりである。

藤井光五郎は明治四四年、ドイツシーメンス社に対して、巡洋戦艦「金剛」を発注する際、五パーセントのコミッションを受け取る約束をし、その他の装備品については二・五パーセントのコミッションとした。高等軍法会議は、藤井がこの嫌疑をかけられたことにより、本年二月一四日から今まで訊問を行い、前述の二件の事件が発覚した。ただ、事件は外国の企業に関係するため、一つ一つ調査するが、長時間をかけて捜査しない限り、今尋問しても結果が分かるはずがない。

一つ目の事件は、明治四四年一月から明治四五年一月までの間、藤井は軍艦「金剛」の契約によって、イギリスのヴィッカース社から何度か賄賂を受け取り、総額は銀にして二三万円余りであった。

二つ目の事件は、明治四四年一月から明治四五年末までの間、装備品の購入によって、イギリスのウェーヤー会社から何度か賄賂を受け取り、総額は銀にして二万九〇〇〇元[10]余りであった。

三つ目の事件は、明治四四年四月から大正元年九月までの間、藤井は装備品の購入により、イギリスのヤロール会社から何度か賄賂を受け取り、総額は銀にして二万六〇〇〇円余りであった。

四つ目の事件は、明治四四年から明治四五年三月[11]までの間に、藤井は職務上、イギリスのヤロール会社から何度か賄賂を受け取り、総額は銀にして九七〇〇円余りであった。

五つ目の事件は、明治四五年七月に軍艦比叡タービンを購入する際、イギリスヴィッカース社から、銀にして四万八〇〇〇元の賄賂を受け取った。

この書類は五月四日に発表され、山本内閣の総辞職からすでに一か月ほど過ぎた。藤井がどのように処罰され、他の人たちの判決はどうであったのか、今でもはっきりしていないのである。

五　海軍充実計画と大正三年度の予算案

日本の財政困難は、既に述べたとおりであり、海軍増強問題は、とりわけ薩長両閥の紛争がポイントであった。昨年西園寺内閣は長州閥が主張した陸軍増強に反対することを理由に辞職し、大正二年の政変に至ったのである。今回の山本内閣の転覆は、海軍充実計画が貴族院によって破壊されたことによるものである。かくして、軍隊の増強問題が日本の政治争いの焦点となったのである。

大正三年度予算案は一月二一日に衆議院に提出された。そのうちの所謂海軍充実計画は、経常経費四〇〇〇万円以外に、臨時軍事費の総額一億六〇〇〇万円であった。これは大正三年度から八年度までの継続費であり、そのうちの六〇〇〇万円は、大正二年度の軍備補充費に既に追加されており、実際の計算上一億五四〇〇万円であった。六年間の年度別分配額は次のとおりである。

大正三年度　一〇〇〇万円
大正四年度　一〇〇〇万円
大正五年度　三〇〇〇万円
大正六年度　三〇〇〇万円
大正七年度　四〇〇〇万円
大正八年度　三〇〇〇万円[12]

この予算案提出後、委員会審査に付された。国民、中正、同志会三党は、この海軍充実計画に対してすべて否認した。政友会は臨時軍事費特別会計を三〇〇〇万円削減すると主張した。削減理由は大正五年度から八年度に建造される戦艦一隻ごとの費用を次年度に決定する必要がないからである。実際、将来建造する時に再度協議すればよいという意図であった。よって、表面上は三〇〇〇万円の削減とは言っているが、実際はすべてを承認していることと変わらない。審査の結果、政友会委員が多数を占めることから承認され、二月九日、その修正案に基づいて通過した。一二日になると、大正三年度予算案は衆議院議事日程に盛り込まれた。この日、国民、中正、同志会三党の議員は、皆、激しい修正演説を行った。政友会議員は反対し始めた。議員たちは攻撃しあい、混乱し喚き散らし、言葉では言い表せない様子だった。最終的に、やはり政友会が大多数を占めたことにより、委員会の報告についてすべて可決され、政友会はここに完全な勝利を収めたのである。

予算案はすでに衆議院を通過し、貴族院に上げられた。審査を繰り返し、三月六日の審査委員会において、樋口（誠康）子爵によって提出された修正意見は可決され、政府が提出した原案一億六〇〇〇万円中、七〇〇〇万円を削減した。その理由は全部で二つある。一つには、政府は海軍のために巨額の経費を要求したが、陸軍に対してはこのような計画は何もなく、不公平だと思わざるを得ないこと、もう一つは、海軍内部の汚職問題について、政府はその責任を明らかにし、海軍整理の事実を挙げなければならないことである。

一三日になり、この事件を討論、審査委員長の報告後、それぞれの議員は互いに反論をし、最後には記名投票で採決を行った。この日の投票総数は二八四、賛成が二四〇、反対はわずか四四票だった。よって、大多数の賛成により修正案は可決され、衆議院に戻され再度議論を行った。

日本ではこれまでの慣例により、衆議院で議決された全ての予算案には、貴族院はほとんど修正を加えない。日本国憲法では、衆議院に予算の先議権があり、もともと貴族院もはっきりと認めている。貴族院はその修正権を行使することが可能だとはいえ、事実上この修正権を行使することは実に難しいのである。その原因は、衆議院は予算案審議の際非常に慎重に行い、国民世論に対して政府の意見を一つ一つ当てはめていき、もはや修正の余地がない程にするのである。よって、貴族院はおのずと特に重大な理由がなければ、絶対に修正を加えることはできないのである。今回、貴族院が衆議院から上がってきた予算案について、海軍費七〇〇〇万円の削減を決行したことは、事実上日本の第一回議会以来伝えられてきた慣例を打ち破ることなのである。しかし、一般の世論は、今回の慣例破りについて、ほとんどが間違っているとは思っておらず、喜びだけを胸にしているのである。というのは、衆議院により決議された予算案がただ政友会一党の意見に基づいたもので、国民の同意を得ていなかったからである。そのため、貴族院の非常手段が正当化されたのである。とはいえ、貴族院のこの行動ははたして国民の心情に従ったものだろうか。それとも、別にほかの意図があったのだろうか。その修正の第一の理由を見ると、陸海軍の不公平を重視しており、その理由は深く考えさせられる。

予算案はすでに貴族院から衆議院へ戻されたが、衆議院はそれを自分の議決を尊重しないこととして、皆、反対した。そのため両院協議会が組織され、両院ともそれぞれ一〇人が選ばれ、一九日に協議を開始した。しかし、衆議院が選出した議員は、みな、政友会派であり、貴族院が選出した議員は、みな反政府派であったため、両派は完全に相反する立場であり、互いに固く自分の主張に拘り、優劣がつかなかった。討論が完結した後、衆議院修正案を原案として議決することになる。議長以外、衆議院の議員一〇人は全員賛成するのに対して、貴族院の九人は全員、反対した。しかし、議長が貴族院所属だったため、この議案は多数決で可決したにもかかわらず、協議は結局不調に終わってしまった。そして二三日に再度それぞれ総会を開催し報告を行った。衆議院はこれを憲法の大問題に関することであるとし、同志会を除くすべてが協議会議案について可決した。貴族院が成立した議案を固守した上、否決したため、予算はついに成立しなかった。貴族院、衆議院両院は二三日から二五日まで議会停会の詔勅が下されたのである。

六　内閣の更迭

大正三年度予算は、衆議院、貴族院両院の不調により成立しなかった。山本内閣は辞職せざるを得なくなった。停会の詔勅が下った翌日、山本首相および全閣僚は、辞表を奉呈した。二六日、帝国議会閉会の礼を執り行った。そこで元老会議が招集され、新内閣の組閣が協議された。この時、政友会は原敬を首相とするよう図ったが、間もなく世論の反対にあい結果が出せなかった。二九日、天皇陛下は元老の推薦により、貴族院議長徳川家達公爵に後継内閣の組閣を命じた。翌日、徳川は力量不足を理由に辞退した。元老はさらに枢密院顧問官清浦奎吾子爵を推薦した。清浦は三一日に大命を拝承し、閣僚を探した。四月五日には大体の準備が整った。彼が決定した閣僚は次のとおりである。

総理大臣　清浦奎吾
外務大臣　内田康哉
内務大臣　宗像　政
大蔵大臣　荒井賢太郎
陸軍大臣　岡市之助
海軍大臣　加藤友三郎
司法大臣　松室　致
文部大臣　福原鐐二郎
農商務大臣　押川則吉
逓信大臣　田健治郎

この閣僚の多くが政党とは無関係であり、事実上完全な超党派内閣である。よって、各政党は全力で反対したが、その勢いは非常に弱かった。閣僚決定後、海軍大臣である加藤は、単独で二つの就任条件を提出した。（一）臨時国会を開き、海軍充実計画の実行を要求すること。海軍費九五〇万円を毎年支出すること。（二）もし不可能であれば、九五〇万円の補助金を支払い、責任支出とすること。清浦はこれについて許可することは難しいと判断し、きっぱりと拒絶した。加藤は即座に就任を断った。当時、海軍大臣の職は加藤および前任の斎藤以外に適任者がいなかった。そして、清浦内閣は成功を目の前に再度台無しになってしまい、六日午後、皇居に詣で大命を拝辞したのである。

清浦内閣の辞任後、元老たちは再三会議を開き後任を探した。その際、日本は、老成して名望のある人は次第に衰えており、新人はいないわけでもないが、廃税、海軍などの諸問題が盛んに騒がれている時にあるため、日頃から人望を持っていなければ、決して人心を征することはできない。間もなく、政局経験をもつ西園寺公望をまずは推挙し、電報で出馬を要請したが、西園寺は病気を理由に堅く辞退した。そして一〇日に彼は大隈重信伯爵を推薦し、翌日命を下すよう奏請した。大隈は奮然と拝命し、すぐに各政党と協議を行った。一五日までには閣僚を選び上奏した。一六日に任命を受けた。その閣僚は次のとおりである。

内閣総理大臣兼内務大臣　伯爵　大隈重信
外務大臣　男爵　加藤高明
大蔵大臣　若槻礼次郎
陸軍大臣　陸軍中将　岡市之助
海軍大臣　海軍中将　八代六郎
文部大臣　一木喜徳郎
司法大臣　尾崎行雄
逓信大臣　武富時敏
農商務大臣　子爵　大浦兼武

大隈の組閣は、今回で三回目である。その半生の経験は、多くが急進的なために失敗したのである。前回、領事裁判権を回収した後、彼はヨーロッパ人を裁判長に招聘することを主張したため、国民の抵抗に遭遇し、片足を失ったほど頑固な思想の持ち主である。政界引退後、社会事業に尽力し、その恩恵を授かった日本人は少なくない。よって、今回推薦されたことに対して、世論は一致して、適任者を得たと見ている。その閣僚については、皆、生来の才能の持ち主である。例えば尾崎、武富、一木などは皆、有名である。また、尾崎はかつて外交官を務めたことがあり、前東京市長であり、演説が得意で、文章に長けている。彼は平民主義の思想を持ち、大隈とは数十年の古い付き合いがある。加藤は長く駐英大使を務め、外交界でも時の人と称賛されている。武富は大隈と進歩党に在籍中、互いに意気投合し、財政や経済には最も長けている。一木は法学博士で、貴族院議員を兼ねている。年齢はまだ四八歳で、現在の内閣では最年少で、実に温厚で誠実な学者である。若槻は長く大蔵次官を務め、伊藤博文および桂太郎に厚遇され、財政に関してとりわけ豊富な知識を持っていた。全体を総合的にみると、確かに適任者を得たといわざるを得ない。

以前、大隈が組閣に携わっていた時、もともと犬養毅を入閣させたかった。犬養も進歩党の人で、大隈のこともよく知っており、現在は国民党の指導者である。国民党はもとより政友会と相いれない関係である。中正、同志会の両派と連合しているとは言っても衝突も多かった。今回の大隈出馬は、政友会にとっては妬ましいことなので、三党合わせて一内閣にし、政友会に抵抗しようとしたのである。また、政友会はすでに議会で多数を占めており、それを完全にひっくり返すには、必ず先に議会を解散し、改めて選挙を行わなければならない。また、選挙争いから言えば、内務大臣が実に重要な職にいる。よって、大隈は犬養を入閣するよう誘い、志を成し遂げるために内務大臣の職をこれに与えようとしたのである。しかし、国民党は決して党員を入閣させないと主張し、犬養は党議によって迫られ、自分だけ異なる行動をする訳にはいかなかった。大隈伯爵が内務大臣を兼任しているのは、これによるものである。

今回の大隈内閣の成立は、民党三派を基礎としたことは言うまでもない。しかし、このいわゆる三派とは、互いに異なる意見を持ち、一致団結して困難を克服するという志はない。たとえば、閣僚の大部分を占める同志会は、もともとは桂系であり、国民党とはもとより宿怨がある。また、中正会と同志会の間にもたくさんの隙間が存在したので、状況は非常に危険なのである。また、三党の内部を見ると、国民党はすでに犬養旧派と新派に分裂しており、さらに親政友派と反政友派に区別されていた。中正会は政友倶楽部と亦楽会の二党を含んでいる。同志会は中央派および国民脱会派に分かれており、そのメンバーもさらに複雑である。とりわけ不思議なことに、諸閣僚は、普段の主張を異にしている。たとえば岡中将は以前、陸軍増強計画に全力で賛成しているが、尾崎はその増強には極力反対している。若槻は従来、経費削減には反対で、武富はかつて桂内閣の予算案に戻ることを主張していた。このような、反対の立場の人が同じ場所に集まることは、我々に意外であるという感情を抱かせないわけではない。政友会の人間は党の勢力が拡大しないことに深い遺憾を感じ、純粋な民党は内閣の官僚が多すぎることを恨む。よって、とりわけ減税と海軍問題は簡単には解決できない。前途はいかに危険であるか想像に難くない。大隈内閣成立後、また失敗を免れることができなければ、日本の前途は覚束なくなるだろう。よってこれは我々が大隈内閣に望みを持たざるを得ない所以である。

第一一巻第一号　一九一四年七月一日　五二頁〜五四頁

銭智修訳　「対中日英同盟について」〈『公論西報』〉

最近、大隈伯爵は、日英同盟を政治面から経済面へシフトするつもりである。このような言論に対してイギリスの新聞および商業界は、全く歓迎していない。大隈伯爵の提議は、概略するとイギリス人は資金を提供、日本人は人材を提供し、中国における非常事態の際は一致協力するというものである。大隈はイギリス人の能力に対しては相当不満を感じている。一方、イギリスの製造業者のような商人は、中国の状態について詳しいと自分で言っている。これに対して、その同盟国である日本で訓練を受けた者は、決して勝ち目がないという。かくして、日英両国の互いの差異が表面化したものである。そもそもイギリス人の方が、自分への期待が高すぎるといえるかもしれないが、排日の悪意が甚だ酷かったという事実は明らかであり、誤魔化すことはできない。当初、イギリスの政治家は極東海軍費の軽減を目標に日本と同盟を組んだが、日本のことを、口だけで行動が伴わないとして激しく非難した。大隈の提議について、必ず耐えられない点が出てくるだろう。イギリス人の日英関係に対する意見が正しいかどうかは置いておき、その感情はそもそもこの状態で、それには疑いがない。

現在、日英両国は、大隈が提議したように商業と経済の同盟が必要かどうかについて討論を行っている。最初に注意したいのは、この種の同盟は事実上もともと存在しているということである。日本の著名な企業は、大多数がイギリス資本を創設および維持のための費用としている。日本の台頭は、その大部分において、もともとロンドン借款に頼っていたのである。南満洲鉄道は日本人の成功を示すシンボルであるが、ロンドンで募った資本および借款によるひっきりなしの援助がなければ、成功のチャンスはなかっただろう。日本人はこれらの資本を持ちつつ、政府からの補助と保護を受け、各方面でその商業面を拡大していった。イギリス商人は、自国のお金を低利率で借りられたうえに、自分たちの障害となることに使用されることをみて、しばしば不平を言っている。イギリス商人の視点からすれば、日本の商業活動の形式は、まさにイギリスの牛を利用して田んぼを耕すようなものであった。しかし、中国およびその他各地の日本商人の競争方法にはかなり不正があり、それはイギリス商人によって発覚した。購入者への景品贈呈現象、ならびに以前上海で言い伝えられていた、水にぬれた綿花の販売活動がその例である。その綿花はほとんどが日本商人によって購入され、この種の商品は、これにより日に日に増えたのである。購入者への景品贈呈に至っては、雑貨店ではとりわけよく聞く習慣だが、イギリス商人がこのような〔販売作戦をめぐる〕競争に対抗できないのはいうまでもない。いろいろな原因が重なり、イギリス商人は日本人と、より親密に協力することを決して望まなかった。イギリスの資本と日本の人材の結合は今まで長きにわたり行われてきた。イギリスの汽船会社に至っては、政府の補助を受ける日本企業によって買収され、その会社はすぐイギリス人との競争に乗り出した。イギリス人は、このような協力関係を続けることを許さなかった。イギリス人の意見によると、日本人がもっぱらイギリスからの資金にだけ頼れば、日本政府は決して〔自分の国民に対して〕補助金政策を講じないことになる。ただ、この意見が正当かどうかは分からない。実のところ、日本の各企業は、もともとすべてをイギリス資本に依存していたわけではなく、イギリス人は激怒のあまり、冷静に落ち着いて論理上分析したり、総合的な誤りをよく調べる余裕がなかったため、特殊な事例を普通の論題に適用してしまったのである。たとえば漢陽製鉄所は、当然日本人が投資し、管理しているものであるが、〔その運営に関して〕ほどなくしてロンドン市場で発行された日本の債券は、イギリス人に利権を獲得する資本とみなされた。また、南潯鉄道については、もともと日本の資本も入っているが、それに対するイギリス人の見方は同様である〔イギリスの資金に依存すること〕。これらはみなイギリス人の不満である。したがって、日本の人材がイギリスの勢力範囲に侵入することに反対したのである。

このような事実がすでにはっきりした以上、我々はこの問題の他の面についても触れなければならない。イギリスは、久しく中国で勢力範囲を確保しようとする政策に戻りたかったのである。中英銀公司[13]会長の報告によると、イギリスの官僚は昨年中国政府に、揚子江流域では特別待遇の権利があってしかるべきだと通告した。イギリス商業界は中英銀公司をはじめ、他国との協力を望まず、揚子江流域およびその他の許可されたエリアで自由に活動したがっている。中国政府は、イギリス人の要求を気にしなかった。実際、この種の要求はイギリスにおいても長い間放置されていた。そこでフランス人が浦口商港の建設権、ベルギー人が蘭海鉄道の敷設権を手に入れた。それらは揚子江のイギリスの優越権にとって強敵となったのである。イギリスの隙を狙っている他の国の企ても多いので、イギリスの政策は適用できなくなってしまった。これまでイギリスは外部からの拘束が多いため、極東の利益に気を配る暇がなく、勢力範囲を守る政策をとっていた。ファショダ地方に関してはフランスと交渉するところだったが、南アフリカで困難が次々と生じたため、翻然と計画変更を行い、門戸開放政策の採用に移行した。門戸開放以来、鍋の中のキャンディーまでも自分で守ることができなくなったのである。よって、現在の政策への国民からの非難は次第に強くなり、再度旧政策を採用する傾向が現れた。これが数年来の変遷の形跡である。その内容を振り返ると、自己矛盾するところが少なくない。今日、揚子江流域以外へ他国の人を排斥するのは、決して純粋なイギリス人機関ではなかった。[14]よってイギリスは、片方は揚子江の門戸を封鎖し、もう片方は隙間を残したのである。これは、右手に命令し、左手が処理したのを知らないのと同じことである。しかし、概して言えばイギリス人は、もとより自分で努力し、他人の助けを期待したくなかったのである。大隈伯爵の日英経済同盟の提議は、恐らくどんな返事もなく終わるだろう。

これに関する中国人の位置づけはすでに論外になっている。大隈伯爵の提議には、拠り所としての原則がある。すなわち、日本人は中国に対する知識があり、イギリス人は資本があることである。イギリス人の資本をもって、日本人の知識を使うと、実際の効能が現れる。なら、中国人は自国に対して何も知らないだろうか。中国人の自国に対する認識は、我々が推し量るべきものではないだろうか。我々は、中国人はそれなりの知識を持っていると想像している。中国人がこれらの知識を持っている以上、中英両国の間にはしかるべき商業、経済同盟の関係を持つべきだという結論にたどり着くだろう。これは実際に中英間の困難な問題を解決する真の方法なのである。極東の新同盟関係を確立できれば、東方の平和に大いに役立つ。政治上の同盟は、現在当然問題ではないが、その良し悪しは中英両国の共通の利益を増強できるかどうかによって決まる。中国と商業関係のある列強はすべて、このように互いの利益を考慮した場合、他国に反対する疑いも断じてなくなるだろう。日英の経済同盟が、他国への挑戦を行うようなものであるのに対して、中英同盟は評判が良く、中国にとって際限のない拠り所であるかもしれない。中英両国はすでに商業同盟を結んでおり、フランス、ドイツ、アメリカ、およびその他の国も中国と同盟を組むことができる。もし協議して、この種の同盟を最も簡単な条文により組めば、真の門戸開放と機会平等を通じて各国の利益を最大化することができる。

要約すると、この問題の全てを討論すればするほど大隈伯爵は必ず失望してしまうことが十分に証明されている。また、大隈伯爵の提議は、公平な研究をすればするほど、その夢が現実になる日が来ないと決められてしまうのである。外国人の中国に対する利益は、長い間お互いに連鎖していたが、もし進んで正式な協力を求めれば、中国の商業財政および経済はさらに束縛を受けるようになるだけである。これは中国の利益でないだけでなく、外国の事業の利益でもないだろう。外国の財政家および資本家が握っている管理の権利が、私欲を企むための道具に変身するたびに、本当に協力するための筋道を失ってしまう。その協力のための筋道を失ったら、本当の商業財政および経済の安全も、政治的独立が頼りにする者も守ることができなくなり、甚だ危険なのである。

九　蘇州商会保存書類

「農商部、日本の実業家渋沢男爵の訪中の旅に対する蘇州商務総会への電報〈一九一四年五月二日〉」

商務総会　御中

日本の著名な実業家である渋沢栄一男爵が五月一日、神戸港から乗船し、訪中の旅に出発した。まずは上海に行き、蘇州、浙江、南京、武漢を経由して北京に入る。到着時、適切な接待を望み、連絡を密接にさせることに資す。

農商部

馬敏・祖蘇編集『蘇州商会档案叢編（一九一二年～一九一九年）』〈第二冊、華中師範大学出版社、二〇〇四年、二五三頁〉を参照。

「蘇州交渉署、渋沢の訪中の旅を抜かりなく世話するよう蘇州商務総会への要請書簡〈一九一四年五月五日〉」

蘇州商務総会御中

本年四月三〇日、外交部からの二九日付けの電報を受けた。日本の企業家渋沢男爵は五月一日、神戸港から訪中の旅に出発、到着時には抜かりなくお世話をすること。

五月三日、外交部が江蘇に特別派遣した楊交渉官の書簡開封を許可する。内容は「日本の渋沢栄一男爵の訪中の旅を伺い、外交部の電令を受けて、優遇することを命じられる」とある。昨日、日本の総領事が書面にて次のように伝えてきた。すなわち「我が国の男爵渋沢栄一先生のこの度の訪中の旅は、随行員一一名が同行、今月二日に本国を出発、五日あるいは六日の夜は、虹口文路の日本人倶楽部において上海在住の我が国の役人と民間人による歓迎の酒宴の開催、さらに貴国の役人、商人、名士に参加していただき、友好関係を深めることが決定している。その他、招待に向けて別々に準備した招待状とは別に、参考にしていただくために旅行のスケジュール表も送付する。慣例に従って執り行うことである。個別の招待状以外に、一覧表を写してお知らせする次第であることをご了承いただき、その時に招待していただければ幸いである」と。

五月四日、楊特派員の書簡開封を再度許可する。内容は以下である。

現在、駐日公使が書面にて伝えてきたことによると、日本の大実業家渋沢栄一男爵は、現在中国に向って旅をしている。まずは長江沿岸各省を訪問、次に北京に向かう。現在、地洋丸に乗船し、上海へ向かっている。この方は政治、経済界において、影響力があり、大隈総理との関係も大変良い。上海到着時、歓迎と友情の結びつきを現わすため、十分な接待をしていただければ、有難い。彼は、上海に数日間滞在し、おそらくまずは蘇州に向かうので、蘇州の政、商両方面に同様の手厚いおもてなしを希望することを書面にて伝えるよう望んでいる。この許可は、相応の書簡を蘇州商務総会へ転送し、その時点で同様の手厚いおもてなしをするよう願う。この許可を受けて、前後して書簡を呈上する以外に、写し取った旅行日程表を転送していただき、あらかじめ準備を整えていただく。貴総会がどのようなおもてなし方法を予定しているのかについて、詳細に回答してください。よろしくお願い申し上げる。

楊士晟

添付文書あり。

〈添付文書〉渋沢栄一男爵の旅行予定表

五月二日、汽船地洋丸に乗船、神戸港より出航。
五日或いは六日、上海到着。
七日、ひとまず杭州に向い一泊。
八日、上海に戻る。
九日、蘇州到着、即上海に戻る。
一〇日、上海から南京へ向かう。

一一日、南京到着、ひとまず一泊。
一二日、長江を上流に向かい、各地を巡る。
馬敏・祖蘇編集『蘇州商会档案叢編（一九一二年〜一九一九年）』〈第二冊、二五四頁〜二五五頁〉を参照。

一〇　天津市歴史博物館所蔵書類

「日本の渋沢栄一男爵の天津での活動状況について、徐世昌へ秘密文書での報告〈一九一四年六月〉」

拝啓

統率事務所より秘密文書を受け取った。文章は、以下の内容となっている。

調査報告によると、日本の渋沢栄一男爵は日本における重要人物であり、日本在住の我が国の党員とかなり連絡を取り合っている。今回の訪中に対しては、偵察員を派遣し、護衛しながら偵察を行う必要がある。現在、男爵は蘇州に向っており、そのうちに済南、北京、天津などの地を巡り、あるいは奉天を経由して帰国する。境界内に入り次第、優秀な偵察員を選んで派遣し、適切に護衛する一方で、状況を調査、報告することが望ましい。この日本の男爵は、今月二七日午前一一時半に天津に到着、午後には都督に謁見してからすぐ自動車で警察庁に到着した。彼は大総統との会見の件に言及したとき、〔会談の内容に対して〕強く賛成の意を示したうえで、実際の行動をとるべきで、決して口先ばかりであってはならないと述べた。なお、また誠意をもって大総統と語り合い、友情を深める予定。本来、地元側は誠意を示すため、二八日に天津地域の名士や商人と酒宴の約束をした。けれども、男爵は病により来ることができず、急いで帰国したいという気持であったため、山東には行かず、一両日中に帰国する予定である。適切に護衛するよう偵察員に命令する。「各国商家に忠告する文書」を同封し謹んでご高覧を願う。

敬具

楊以徳[15]〈字は敬林〉謹呈

〈現存書類の中、各国商家に忠告する文書が欠けている〉

林開明等『天津市歴史博物館収蔵北洋軍閥資料・徐世昌の巻』〈第七巻、天津古籍出版社、一九九六年版、七〇頁～七二頁〉を参照。

地元ニュース「勧商の告示」

天津警察庁の楊庁長は「各国商家に忠告する文書」にて次のように述べている。

今日の世界は、商業戦争の世界である。故に世界各国で、上は政府から下は人民まで、事実上の幸福と利益を求めるため、みんなで競い合う。しかし、西洋各国の商業の発達はすでに極限に達し、企業者は各地に分流し、投資しようとしても対象とするエリアが見つからないことに嘆いている。よって、今日の商業の競争の場は中国だけになっている。中国は海禁政策を解除してから、各国の商人が商戦の生き残りをかけて競って投資したが、その結果には優劣の差があり、そのうえこれによりさまざま厄介な問題が発生してしまった。その原因はどこにあるのだろうか。深く考えなければならない。一国が存在するためには、必ず一国の主権がある。主権は、その国の中では至高の地位にあり、その国民が敬愛し服従するものであるため、その国で生活しているすべての者は、それに服従し、尊重する。我が国の主権は、領事裁判権により少し制約を受けるが、人民の敬愛は他国と比べて少しの隔たりもない。よって、我が国に投資する外国人が温和な態度で法律を遵守し、互いに支え合い、合意が出来れば、利益は自然と生じ、いい結果を生み出すことになると予測することができる。さもなければ特別保護の権利を頼りに、強硬手段で好き勝手に『中華民国臨時約法』を無視し、不正に不当な利益を得ることは、一時的な幸運だが、長く続けると、民国の主権を侵害し、経営地の一般人に悪意を抱かせることとなり、営業目的が達成できないばかりか、その結果は思いがけない失敗を引き起こすかもしれない。各国の先例および我が国の最近の事実をみれば、すぐ分かる。商業は営利を目的とする性質であり、さらに営業地の人心を得ることを手段とし、一般人の気持ちに逆らうことがない限り、その営業を成長させる。[16] 我が国の清朝初期は、当局が外国の状況に通じていなかったため、各国の商人は時々恫喝を手段とし利益をさらっていた。中華民国が成立し、何度も革新を行うことで、各国との国交をますます親密なものにしただけでなく、広く誘致するために、各国の商人に対しても胸襟を開くことにした。主権に害を与えない者に対しては、全力で保護した。各国の商人は産業生産の成長を図り、公共平和の幸福と利益を求めるため、この意味をよく理解し、互いに助け合いながら営業することは中国の幸福というだけでなく、事実上全世界の幸福なのである。

『大公報』〈一九一四年六月一日　第四一三四号　一枚目〉を参照。

一一　政府声明

○第五五四号　民国二年〔一九一三年〕一一月一八日

「日本駐中国公使山座円次郎、袁世凱総統に謁見、着任（再任）の国書を奉呈、日本公使の祝辞と袁総統の答辞があり〈一九一三年一一月一七日〉」

【日本公使の祝辞】

大日本帝国特命全権公使山座円次郎が次のように述べている。

当公使は、我が国の天皇陛下直々の命を受け、貴国駐在の全権公使を務める者であり、ここに特別に大総統閣下にお目にかかり国書を奉呈できること、まことに光栄の至りである。貴国と我が国は、もとより善隣の友好国であり、同文であることと親しみ合ってきた誼を守り、共通の道の有無は明白であり、さらには世界文明を助け支え、東亜の平和を維持することを同様に願ってきた。今では貴国の運命はすっかり新たなものとなり、閣下は今まさに大任を受け入れられ、両国の友好関係はますます親密になり、国民も親交の実を掲げていることは、我が国の天皇陛下にとって大変うれしく感じることである。当公使は大総統閣下との長年の知遇にあずかり、その後もますます関心を寄せていただき、天皇陛下の使命を成し遂げることを切に希望する。謹んで貴国の国運隆盛と大総統閣下の政務の安泰と身体の健康を祈る。

【袁総統の答辞】

貴国の公使は、貴国天皇陛下の勅命を受けて、駐中国全権大使として自ら国書を奉呈し、貴国天皇陛下の親密な国交に対する好意を述べられたことに、当大総統も深く喜びを感じる。中日両国は同洲同文の関係であり、友好関係も元々親密で、今貴国公使が特別に任命を受けて我が国に駐在することで、以前からの友好関係を必ず継続することができ、国交は日に日に強固なものになるはずである。国民もこの頃お互いに親密で、これを以て東アジアの平和が永遠に保たれることは、当大総統が最も切実に望んでいることである。当大総統と貴国公使は知り合ってすでに長く、貴国公使の誠実な性格、公正な仕事態度をよく存じ上げている。今後は必ずいい待遇を与え、貴国公使は立派にその職を全うできるようにいたす。当大総統は貴国天皇陛下に対する感謝の意を、代わりに伝えてくれることを望む。ここに貴国天皇陛下の玉体安寧と、貴国公使のご多幸をお祈り申し上げる。

陳志奇編集『中華民国外交資料彙編』〈第一巻、台湾渤海堂文化公司、一九九六年、二二二頁〜二二三頁〉を参照。

○第七四七号　民国三年〔一九一四年〕六月五日
「外交総長孫宝琦、駐中国日本公使逝去のために弔問官の派遣を申請し花輪、弔問文を捧げる。加えてその命令実行の許可」

駐中国日本公使が逝去したため、弔問のための職員派遣申請ならびに花輪を捧げる予定である。駐北京日本臨時代理公使松平恒雄を特命全権公使とすることを許可する。山座円次郎は五月二八日病気により死去したことを、ご了承ください。清朝時代に駐北京ロシア公使ブカディが北京で逝去した時のことを調査すると、外務部は諭旨を受け御前大臣博迪蘇を派遣、その日のうちにロシア公使館に出向き弔問を行い、花輪を捧げ人員を派遣したことが公文書に記録されていた。今回の駐北京日本公使は北京にて病気により死去、同様のやり方で、大総統に礼官の特別派遣を申請、該当国の公使館に出向き弔問ならびに花輪を捧げる予定である。妥当か否か、以上のことを具申する。大総統にはご高覧いただき、ご指示を願う。

【命令実行の許可】上申について了承した。すでに人員を派遣し向かわせた。ここに許可する。

大総統　印

中華民国三年六月一日

「外交総長孫宝琦、駐北京日本公使が病気のため逝去したことにより、当公使館二等参事官松平恒雄を臨時代理公使に当てる文書ならびに命令実行の許可」

駐北京日本大使館二等参事官松平恒雄を臨時代理公使に当てること。松平恒雄という駐北京日本臨時代理公使を特命全権公使とする。山座円次郎の病気による逝去についてはすでに公文書として記録済みである。現在、本国の外務大臣からの電報を受けて、松平恒雄を臨時代理公使に当てる。ご了承ください。以上のことを具申する。大総統にはご高覧願う。謹呈

【命令実行の許可】上申について了承した。ここに許可する。

大総統　印

中華民国三年六月一日

○第八〇六号　民国三年八月三日

「元駐中国日本公使山座円次郎が五月に病死、日本は駐チリ公使を駐中国公使に異動。外交部はこれに基づき書面にて大総統に報告、『上申について了承した』という、命令実行の許可をいただく〈一九一四年八月一日〉」

日本が新たに派遣する駐中国全権公使について、次のような書面での報告書のご高覧を願う。

本部は駐北京日本臨時代理公使である小幡酉吉からの連絡を密かに受けた。日本政府の電報によると、七月二三日、日置益は中華民国に駐在する全権公使とする特命を受けた。調査によると、日置益はかつて駐北京日本大使館一等書記官を務めたことがあり、現在はチリ駐在の全権公使から現職に異動となり、本部の当代理公使に対する歓迎を表明する以外に、以上のことを具申する。大総統にはご高覧願う。謹呈

【命令実行の許可】上申について了承した。ここに許可する。

陳志奇編集、前掲書〈三一四頁〉を参照。

注

1 イギリスとアメリカの六つの煙草会社の共同出資により一九〇二年にロンドンで設立された煙草会社である。この会社が市場の拡張を狙う主な対象としたのが、当時の中国であった。

2 一九一四年五月一八日の日本『時事新報』の社説「支那煙草問題」では民国政府が英米煙草トラスト会社と煙草専売の契約を締結する場合、機会均等主義の破壊として非難した。すなわち「支那政府は佛国及瑞典諾威の間に締結せる条約中に支那は専売の方法により外国人の通商を制限する事を得ざる旨の明文ありて我国の如き亦之に均霑せり。〔中略〕、煙草専売計画が果して事実ならば之に付き利害関係最も多き我国の如き断じて之を看過せず断然たる抗議を提出すべきは明らか」であると。その後、外務省は小幡代理公使を通じて中国政府に確認した結果、英米煙草トラスト会社による煙草の専売は風説に過ぎず、事実ではないことが明らかになった（「支那煙草専売─事実に非ず」、『時事新報』六月二四日）。

3 もと新聞の記事には識別できない文字があるが、『中華民国商業档案資料汇編』（中国商業出版社、一九九一年）にある同じ談話録に基づいて翻訳した（第一巻一九一二～一九二八下、「熊希齢函送与日本公使談話」）。

4 もと新聞ニュースには「小池」とあるが、同時期の『新聞報』の関連報道によると、それは「日置」に対する音訳の間違

いであることが分かる（一九一四年六月三日一枚目一頁目、六月四日一枚目三頁目）。

5 辛亥革命後、中国全土は統一されず、内戦が続き、北洋軍閥や南方革命派の対立があった。それぞれ「北方派」と「南方派」と呼ばれたことがある。

6 『中華民国臨時約法』の略称。一九一二年に公布された暫定の憲法である。三権分立、主権在民、ならびに責任内閣制などが主な内容である。

7 一九一二年に上原勇作陸相は、西園寺内閣に対して、朝鮮常駐の二個師団増設案を提出したが、財政問題を理由に否決された。これを受けて上原陸相は辞任し、第二次西園寺内閣も総辞職に追い込まれた。その後、陸軍は強く増師を要求し続け、結局、一九一五年に第二次大隈重信内閣によって可決された。

8 一九一二年八月に宋教仁の主導で結成された政党である。

9 白朗（一八七三～一九一四）、綽名は白狼、河南省出身。袁世凱政権に反対した農民暴動の指導者である。

10 シーメンス事件に関連する本記事は日本『時事新報』（一九一四年五月五日）にある関連報道の内容とだいたい一致している。ただ、『時事新報』に記された賄賂の金額は「三万九〇〇〇円」だった。

11 日本『時事新報』に記されている期間の「明治四四年五月から明治四五年三月」とずれている。

12 もと記事に示されているこれらの数字は、概数と思われる。

13 もと記事には「中国協会」とあるが、中英銀公司のことと思われる。それは香港上海銀行〔Hongkong & Shanghai Banking Corporation〕とジャーディン・マセソン会社〔Jardine, Matheson & Co. Ltd〕との共同出資によって一八九八年に設立された投資会社で、鉄道に関する対中借款および鉄道の敷設を主な経営内容とする。略称は中英公司、英語名は「British & Chinese Corporation, Ltd.」である。「Corporation」は「協会」と訳されることがあるので、「Chinese Corporation」は「中国協会」と翻訳されたと考えられる。

14 ここでいう「機関」は、工部局〔Shanghai Municipal Council〕のことと思われる。工部局は、一八五四年に数カ国の共同租界を管理するために設置された行政機関である。参事会がその中の最高議決機関で、参事会員は毎年公選され、徴税や治安、衛生などを管理する。会員構成においてイギリス人は半分以上を占めているが、ほかにアメリカ人、ドイツ人も加わっていたので、純粋なイギリス人機関ではなかったといえる。

15 当時、天津警察庁の庁長である。

16　もと記事には脱字があるが、意味が推測可能。

付録

各新聞の紹介

○『大公報』

英斂之により創設。一九〇二年六月、天津にて発刊される。一九一六年、安福系[1]の王郅隆により運営。一九二五年一一月二七日に停刊。創刊号は「忘己之為大、無私之為公（自己を忘れることを重要とし、私心をなくすことが公のためである）」を標榜し、「気風を開放、人智を開き、西洋の学術を引き入れ、我々同胞の英知を導き出す」を趣旨とする。一九二六年九月一日より、呉鼎昌、胡政之、張季鸞らに引き継がれた。一九三七年八月、日本軍が天津を占領すると、漢口に移転し出版。漢口陥落後は重慶に移動し出版した。日本降伏後、一九四五年一二月に天津にて復刊し、一九四九年一月に停刊。当紙は時事評論、ニュースを以て華北から全国の世論を支配した。

『大公報』人民出版社一九八二年写真版「製作者説明」を参照。

○『国民公報』

四川で発行された比較的早期の民営新聞。一九二一年四月、成都にて発刊され、一九三五年五月に停刊。一九三六年八月、重慶にて復刊し、一九五〇年二月に終刊。合計一万二七二一号を出版した。当紙は、李澄波、康心ら六人が資金を調達し企画運営を行った。もとは『大漢国民報』で、初代編集長は、張季鸞が推薦した『大公報』駐四川特派員杜協民である。新聞は金融界が資金調達し運営したので、内容は金融と経済関連のニュースに偏重。一九一二年三月、成都大漢軍政府と重慶蜀軍政府の統合によって四川省全体が統一された。新聞名は『中華国民報』に改称された。四月二二日、さらに『四川公報』と統合し、それらから「国民」と「公報」の四字を選び『国民公報』と命名。社長は汪象蓀、編集は陳少松、瀋峰、経理は謝翼謀、向竹賢、発行人は謝翼謀である。当紙は、五四運動[2]前後にマルクス主義およびボリシェヴィキ主義に関する論文を掲載し、一九四四年以降、多くの中国共産党地下党員と先進的な人々が相次いで新聞社に入り文筆作業を取り仕切った。

『重慶市志』第一〇巻〈重慶地方誌編纂委員会編集、西南師範大学出版社、二〇〇五年、九三六頁〜九三七頁〉を参照。

○**『河南日報』**

新聞社は河南省開封市南書店街の東側に位置し、中華郵政により新聞紙類とみなされた。小売価格は一二文〔銭貨の通貨単位〕、一ヶ月間の料金は銅貨三〇枚分であった。郵送の場合は一角〔通貨単位〕五分〔通貨単位〕の郵便料金が加算された。

当紙の冒頭挨拶文を参照。

○『満洲日日新聞』

一九〇七年一一月、初代満鉄総裁後藤新平の発案により大連にて創設された。編集局、総務局、営業局と印刷所を設置。南満洲鉄道が出資し、主に南満洲鉄道を宣伝。もとは日本語新聞で、のちに英語、中国語の特別欄を設けた。資金を自ら賄うことができなかったため、南満洲鉄道はそれを改変し、守屋善兵衛に経営を委託。一九一三年一一月に再度改組し、株式制を実行。資本金は一三五万元。一九一〇年、英語の特別欄が独立し『満洲毎日新聞』に変更。一九二二年、中国語の特別欄が独立し、『満洲報』となった。一九二七年、『遼東新報』と統合し、『満洲日報』に。なお、その後『大連新聞』、『奉天日日新聞』との統合を経て、一九四〇年七月には『大連日日新聞』と改称された。一九四五年八月、日本軍の降伏後に停刊。

『遼東歴史図鑑』〈王栄国編集、瀋陽出版社、二〇〇八年、二一〇頁〉を参照。

○『全浙公報』

一九一〇年一月頃創刊。杭州の省都にある保佑坊大通りに新聞社を置いた。葉中裕、呉複斎が前後して経理を担当。景韜伯、呈光甫、馬緒卿が相次ぎ主筆となり、汪鐘玉、魏在田、章学謙が編集を担当。新聞発行を担当する人員は、多くが学界の名士であった。当紙は通常二つ折りの紙面二枚の日刊紙。当紙は「人民の気勢を開放し、人民の英知を導き出す」を趣旨とし、政治上は公正のように見える。新しい学校設立の提唱に重点を置いた内容で、掲載されるニュース、言論は教育に偏重。

『浙江新聞史』〈王文科・張扣林編集、浙江大学出版社、二〇一〇年、五六頁〉を参照。

○『**申報**』

近代中国の歴史上、出版期間が最も長い中国語新聞である。一八七二年四月〈清同治一一年三月〉、イギリス人商人のメジャーらが上海にて創刊。一九四九年五月二七日の終刊までに、合計二万五五九九号を発行。初代主筆は蔣芷湘、後任者は何桂笙、銭昕伯、黄式権、金剣花、趙孟遴らである。当初は隔日で一枚出版、その後日刊に改めた。一九〇九年、席裕福が引き継ぎ、一九一二年に史量才に譲渡。翌年、史により引き継がれた。抗日戦争初期には一時停刊。かつて前後して漢口版〈一九三八年一月から七月三一日まで〉、香港版〈一九三八年三月一日から一九三九年七月一〇日まで〉が発行されていたが、一九三八年一〇月一〇日、上海にて復刊。一九四一年一二月八日、太平洋戦争勃発後に、『申報』は日本軍と傀儡政府の強要の下発行された。抗日戦争勝利後、CC派〈中華民国・国民政府時代の中国国民党内の党派〉の新聞となった。一九四九年五月に停刊。

『申報』写真版の「製作者説明」〈上海書店、一九八二年〉、『辞海・歴史分冊・中国近代史』〈上海辞書出版社、一九八二年、一一四頁〉、『上海名人名事名物大観』〈熊月之編集、上海人民出版社、二〇〇五年、五〇五頁〉を参照。

○『**時報**』

近代中国において影響力を持ち、全国に及んでいた日刊紙の一つであり、近現代上海で『申報』、『新聞報』と共に鼎立する、三大新聞の一つである。光緒三〇年四月二九日〈一九〇四年六月一二日〉上海にて創刊され、統括者は狄葆賢、主筆は陳冷。当紙は北京、天津、南京および各省、ひいては東京、ロンドン、ニューヨーク、サンフランシスコ、シカゴ、セントルイスなどに向けて駐在記者の現地派遣を行った。凡例で標榜したのは「一党の意見に殉じないようにすること」である。時事評論と文学の特集欄を初めて開設したことは独創的。歴代の責任編集は雷奮、包天笑、戈公振らが担当。狄は病気により当紙を黄承恩に売却した。経費の困難から一九三九年九月に停刊。

『中国報学史』〈戈公振著、長沙嶽麓書社、二〇一一年、一二九頁、一二一頁、一二四〜一二五頁〉を参照。

○『**盛京時報**』

一九〇六年一〇月〈清光緒三二年九月〉、日本人の中島が瀋陽にて創設する。その後、一九四四年九月の停刊まで三八年間にわたり、宮川貫作、染谷宝蔵らが社長を務めた。創刊時は二つ折りの大きな紙面一枚で、まもなく特集欄二面を追加し、またのちに日刊紙で大きな紙面二枚になり、最も多い時は二つ折りの大きな紙面二枚半にまで増加し、発行部数は一八万部に達した。社長によって論説委員会、編集局が置かれた。当紙は、日本政府当局の支持および南満洲鉄道からの手当を得ており、中国の内政、外交、経済、軍事、文化、教育、社会風俗などや、重大事件もすべて報道した。

『遼寧歴史図鑑』〈王栄国編集、瀋陽出版社、二〇〇八年、二〇九頁〉を参照。

○『時事新報』

前身は上海の『時事報』〈一九〇七年一二月創刊、責任編集者は汪剣秋〉と『輿論日報』〈一九〇八年二月創刊、責任編集者は狄葆豊〉である。両紙は一九〇九年に統合され、『世論時事報』と命名。一九一一年五月、『時事新報』に改められた。汪詒年が経理を担当。清末期、当紙は立憲政治を宣伝した。辛亥革命後は進歩党の新聞となり、その後また研究派〔憲法研究会〕の代弁者に転換した。一九一八年三月から特集欄「学灯」を追加し、五四運動後、次第に革命を排斥する世論の道具に変わった。一九三二年、『大晩報』、『大陸報』、申時電訊社と、連合会社〈略して「四社」と称される〉を設立。一九三五年、新聞産業は孔祥熙財団に譲渡された。一九三七年一一月二六日重慶に移り出版。一九四五年九月二一日、上海にて復刊し、一九四九年五月二七日に停刊。

『中華文化辞典』〈馮天瑜編、武漢大学出版社、二〇一〇年版、五七九頁〉を参照。

○『順天時報』

一九〇一年一〇月、日本人が北京にて創刊した中国語新聞である。当初の名称は『燕京時報』で、中島真雄、亀井陸良らが前後して取りしきった。当紙は日本の財閥と外務省の支持を得ており、中国における半官営の新聞紙である。中華民国の成立後には華北で最大の新聞となった。一九二八年、国民革命軍が北京を占領後、デマの拡散によりトラブルを起こしたため、本紙は北平〔北京〕の郵便労働者および新聞販売者から排斥を受け、販路が大幅に減少した。一九三〇年三月に停刊。合計九二八四号を発行した。

『中華民国外交史辞典』〈石源華編集、上海古籍出版社、一九九六年、四七三頁〉を参照。

○**『神州日報』**

一九〇七年四月、上海にて創刊。于佑仁、邵力子、張俊生、譚介人らにより企画運営され、葉仁裕、汪彭年がそれぞれ経理を担当した。総主筆は楊篤生。初期は政治色が鮮明で、積極的に清朝反対の革命思想および民主意識を宣伝した。一九一五年以降は、初期創設者が相次いで離任したため、当紙の政治傾向は次第に転換をはじめ、売り上げも減少。一九一八年、銭芥塵によって引き継がれた。二〇年代初頭になると、特集欄「昌報」を頼りに何とか維持するが、一九二七年一月に停刊。一九三六年一〇月に復刊した。「神皋雑俎」「神州書刊」「娯楽」などの文芸欄を相次いで開拓したが、一九四一年、太平洋戦争の勃発により停刊。一九四五年元旦に復刊し、翌年一二月に終刊。

『上海名人名事名物大観』〈熊月之編集、上海人民出版社、二〇〇五年、六一五頁〉を参照。

○**『新聞報』**

一八九三年二月一七日〈清光緒一九年一月一日〉、イギリス人A. W. Danforthが上海にて創設。

蔡而康が主筆を務めた。一八九九年、アメリカ人John C. Fergusonに譲渡。汪漢渓が中国側の経理を務め、郁岱生、孫玉声、金煦生が編集を担当した。当紙は「中国的」特色で植民地主義の立場をごまかした。一九一九年、売り上げは四五〇〇部に到達。一九二九年、金城銀行経理の呉蘊斎、四行〔中南銀行、塩業銀行、金城銀行、大陸銀行〕貯蓄会協理の銭新之および史量才によって組織された華商株式有限会社に売却された。抗日戦争時に何度か停刊し、一九四五年五月に終刊。

馮天瑜、前掲書〈五九三頁〉を参照。

注

1 民国北洋軍閥時期において、皖系〔安徽派〕軍閥に依存する政客集団である。

2 一九一九年五月四日、パリ講和会議の決定に抗議して北京で行われた学生デモ。

索　引

《さ》

《た》

《や》

《ら》

訳者略歴

于　臣（ウ　シン）

横浜国立大学国際戦略推進機構基盤教育部門准教授。

東京大学大学院教育学研究科博士（教育学）

『渋沢栄一と＜義利＞思想――近代東アジアの実業と教育』（ぺりかん社、2008 年）

「中国明清時代商人「義利」観の一側面――徽商の例を通じて」（島根県立大学『総合政策論叢』14 号、2008 年）

「『経世済民』からみる儒学と「啓蒙」との関係――西周と張謇の例を通じて」（島根県立大学北東アジア地域研究センター『北東アジア研究』17 号、2009 年）

「町人の学問からみる公共哲学――石田梅岩の『商人道』を中心に」（『公共する人間 2　石田梅岩　公共商道の志を実践した町人教育者』東京大学出版会、2011 年）

「近代日中実業界からみる民間外交の一側面――南洋勧業会と近藤渡清実業団を中心に」（『北東アジア研究』23 号、2012 年）

渋沢栄一《しぶさわえいいち》と中国《ちゅうごく》
一九一四年《せんきゅうひゃくじゅうよねん》の中国訪問《ちゅうごくほうもん》

2016年7月20日　初版第一刷発行

定価（本体2,200円＋税）

編　者　田《でん》　彤《とう》

訳　者　于《う》　臣《しん》

発行者　細田哲史

発行所　不二出版株式会社

〒113-0023　東京都文京区向丘1-2-12

電話03-3812-4433　振替00160・2・94084

印刷・製本所　藤原印刷

ISBN978-4-8350-7715-4